Om
la syllabe primordiale

Sources et pratique du mantra originel

par

Roberto Caputo

Discovery Publisher

2017, Éditions Nataraj
©2021, Discovery Publisher
Tous droits réservés.

Aucune partie de ce livre ne peut être reproduite ou utilisée sous aucune forme ou par quelque procédé que ce soit, électronique ou mécanique, y compris des photocopies et des rapports ou par aucun moyen de mise en mémoire d'information et de système de récupération sans la permission écrite de l'éditeur.

Auteur : Roberto Caputo

616 Corporate Way
Valley Cottage, New York
www.discoverypublisher.com
editors@discoverypublisher.com
Fièrement pas sur Facebook ou Twitter

New York • Paris • Dublin • Tokyo • Hong Kong

Table des matières

Avant-propos 7
   Translittération 15

L'Unique Absolu 19
   I. Brahman 19
   II. Âtman 23
   III. Mâyâ 24
   IV. Upanishad 25
   V. Mantra 26
   VI. Japa 28
   VII. Pranavayoga 30

Mândûkya Upanishad 33
   Texte de l'Upanishad 33
   Translittération de la Mândûhya Upanishad 36

Chândogya Upanishad 39
   Extraits de la Chândogya Upanishad 39

Mundaka Upanishad 44

Prashna Upanishad 47
   Extraits de la Prashna Upanishad 47
   Translittération de la Prashna Upanishad, V, 1-7 49

Katha Upanishad ... 52
Extraits de la Katha Upanishad ... 52

Taittirîya Upanishad ... 54
Extrait de la Taittiriya Upanishad ... 54

Shvetâshvatara Upanishad ... 56
Extraits de la Shvetâshvatara Upanishad ... 56

Maitrî Upanishad ... 58
Extraits de la Maitrî Upanishad ... 58

Mahânârayâna Upanishad ... 64
Extrait de la Mahânârayâna Upanishad ... 64

Atharvashira Upanishad ... 65
Extrait de l'Atharvashira Upanishad, IV ... 65

Atharvashikhâ Upanishad ... 67
Om! ... 67

Amritabindu Upanishad ... 70
Extrait de l'Upanishad ... 70

Pranava Upanishad ... 71
Traduction de l'Upanishad ... 71

Brahmavidyâ Upanishad ... 85
Texte de l'Upanishad ... 85

Om est Ganesha, Ganesha est Om ... 89
Les mantra à Ganesha ... 91
La Shrî Ganesha Upanishad ... 92

Shrî Ganapati Upanishad — 93
Adoration à Ganapati — 93
Prière à Ganapati — 94
Louange à Ganapati — 95
Le mantra-racine (mula-mantra) de Ganapati — 97
Méditation sur Ganapati — 98
Le secret de la science de Ganesha — 99

Bhagavad-gîtâ — 105
Extraits de la Bhagavad-gîtâ — 105

Shivapurâna — 108
Extrait du Shivapurâna : Vidyeshvara, X — 108

Pañcadashî — 110
Extraits du Pañcadashî — 110

Le Tirumantiram de Tirumular — 113
Extraits du Tirumantiram — 114

Râmakrishna et Râmana Mahârshi — 116
Extrait de self-enquiry, §28 — 119
Arunâchala Acaramanamalai — 120

Âdi Shankarâcârya — 122

OM, par Sir John Woodroffe — 125

Bibliographie — 135

Om

la syllabe primordiale

Ouvrages parus dans la collection Nataraj

SAGESSE UNIVERSELLE
* *Dhammapada, la parole du Bouddha*, trad. TK Jayaratne
* *La lumière de l'Inde*, textes d'Alphonse de Lamartine
* *Dieu en Soi - méditations au cœur de l'Inde et du christianisme*, textes présentés par R. Caputo et C. Verdu
* *La philosophie mystique de Simone Weil*, Gaston Kempfner
* *L'imitation de Jésus-Christ*, traduction de Pierre Corneille
* *La mort... sereinement*, Sénèque, *Extraits des lettres à Lucilius*
* *La consolation de la philosophie*, Boèce

COLLECTION SOPHIA PERENNIS
* *Regards sur les mondes anciens*, Frithjof Schuon
* *Trésors du bouddhisme*, Frithjof Schuon

TRÉSORS DE L'INDE SPIRITUELLE
* *Kaivalya Upanishad*, trad. Paul Deussen
* *Je suis Shiva! Hymnes à la non-dualité de Shankarâchârya*
* *Om, la syllabe primordiale*, textes traduits et présentés par Roberto Caputo
* *Tout est Un*, Anonyme du XIXe siècle
* *Annamalai Swâmî : une vie auprès de Râmana Maharshi*, récit recueilli et mis en forme par David Godman
* *Comme une montagne de camphre*, enseignements de Râmana Maharshi et Annamalai Swâmî présentés par David Godman
* *Bhagavad-gîtâ, le chant du bienheureux*, traduction d'Émile Burnouf

Om
la syllabe primordiale

Sources et pratique du mantra originel

par
Roberto Caputo

Avant-propos

Om. La syllabe où tout commence, selon les Sages de l'Inde. « Syllabe primordiale », « vibration éternelle », « son originel » : les définitions de l'Indéfinissable ne manquent pas. Invocation unanimement prononcée par tous, en Inde, depuis des millénaires, peut-elle aussi avoir un sens pour les non-hindous ? Le présent ouvrage est une invitation à y regarder de plus près, à écouter puis à prononcer ce son primordial, cet *advaïta-mantra*, présenté parfois comme étant l'expression de l'Absolu, voire comme *étant* l'Absolu, purement et simplement… *Om* est présenté ici par les textes sacrés et les sages éternels de l'Inde : retour aux sources dans la plus ancienne des grandes traditions vivantes.

L'écho de la syllabe *Om* a depuis longtemps franchi les frontières de l'Inde. En Occident, même ceux qui ne se sentent pas concernés par la méditation ou le *yoga* savent plus ou moins confusément que ce son relève de la « mystique orientale ». Ceux qui pratiquent déjà sa récitation constante ont certainement ressenti, au moins furtivement, quelque chose de cette Paix parfaite dont parlent les Sages… À la lumière des textes ancestraux, qui chantent la gloire de la syllabe sacrée et en précisent le mode d'emploi, la pratique ne pourra que s'affiner : les Textes vérifient l'expérience, et vice-versa. Quant à ceux qui n'ont du monosyllabe qu'une idée générale ou vague, ils trouveront peut-être dans ces sources sacrées des éléments de connaissance, voire un nouveau support de méditation…

Pour mieux apprendre la signification et la pratique du *mantra Om*, ce livre propose donc d'aller à la source, c'est-à-dire au cœur des textes fondateurs de la métaphysique hindoue. Là, les *Veda* chantent la gloire du Suprême, et les *Upanishad* enseignent les voies de sa réalisation. L'*omkâra* (la syllabe Om) apparaît déjà, dans ces textes, comme le symbole vivant (et vibrant) de l'Absolu inconditionné (*Brahman*). La pratique constante de la méditation sur cette syllabe, est prescrite à l'adepte comme étant le premier support pour réaliser le Soi réel (*Âtman*), au-delà du moi et de l'*ego*. En y regardant de plus près, il apparaît que pour les hindous, la syllabe Om est l'*alpha* et l'*oméga* de toute réalité. Vibration primordiale, à l'origine du monde, elle est partout présente dans l'univers. Réciter « *Om* » c'est se retrouver au diapason de l'Origine de toutes choses, *Om* désigne et incarne le *Brahman* (l'Absolu), l'Éternel.

Sa transcription exacte est «*Aum*», mais il est rendu le plus souvent ici dans sa forme contractée, «*Om*». Le *pranava, omkâra*,[1] *Aum* est l'inaltérable (*akshara*[2]) ; il contient en germe les *Veda* et tous les mondes. Il est prononcé au commencement de toutes les invocations, rituels, récitations et méditations hindoues. Dans le langage quotidien, l'exclamation «*om*!» marque l'accord, l'assentiment respectueux (à la manière de «ainsi soit-il», «*amen*»), voire tout simplement le «oui». *Aum* est étroitement associé à Ganesha, le Dieu à tête d'éléphant, représentation symbolique de la Divinité la plus répandue en Inde.

Les pratiques spirituelles hindoues sont toutes fondées sur des textes dont l'origine se perd dans les temps les plus reculés. Dans cette approche des fondements traditionnels du monosyllabe sacré, le choix des textes a été subjectif, et non exhaustif. Le sujet est inépuisable, comme souvent lorsqu'on va à la rencontre des textes sacrés de l'Inde. Nous commence-

---

1. *Pranava, omkâra*, sont les désignations en sanskrit de la syllabe sacrée *Om*.

2. *Akshara* aussi est l'un des Noms du *pranava Om*. Il signifie en même temps «syllabe» et «inaltérable».

rons par les *Upanishad* écrites plusieurs siècles avant notre ère, puis nous remonterons le temps jusqu'aux sages presque contemporains… Tout au long de ce parcours, nous pourrons témoigner de l'unité et de l'unanimité que suscite la syllabe éternelle, traversant le temps, inaltérable (*akshara*).

Dès les plus anciennes *Upanishad* (*Brihadâranyaka*, *Chândogya*…), *Om* est annoncé et présenté comme étant la syllabe primordiale. Il en est de même dans des *Upanishad* plus récentes, qui confirment les révélations originelles. Certaines sont entièrement consacrées à la syllabe suprême, comme la *Mândukya*, la *Pranava*, ou encore la *Brahmavidyâ*. D'autres lui consacrent un chapitre, ou quelques versets, mais toutes sont unanimes: «*Om!* cette syllabe est tout» (*Mandûkya Upanishad*, I, 1).

D'autres textes de la métaphysique hindoue sont essentiels dans leurs hommages et leurs rappels du sens et de l'efficacité spirituelle de la syllabe originelle: ainsi, la *Bhagavad-gîtâ*, le *Pañcadashî* de Shrî Vidyâranya swâmî ou le *Shivapurâna* par exemple. Et dans une tradition non-védique, comme celle du Shivaïsme (*Saiva*) du sud de l'Inde, le *Tirumantiram* de Tirumular est tout aussi éloquent.

Les plus grands sages de l'Inde soulignent, eux

aussi, l'importance du son originel : ainsi, les deux grands saints des deux siècles passés : Shrî Râmakrishna, (1836-1886), et Shrî Râmana Mahârshi (1879-1950). Leurs vies sont des invitations aux pratiques spirituelles hindoues, quels que soient les horizons, castes ou religions des aspirants. On ne peut les suspecter d'aucun prosélytisme, puisqu'ils n'ont cessé de proclamer que l'Islam, le Christianisme ou les autres chemins spirituels sont fondés sur la même Perfection, et aboutissent à la même Vérité. Leur existence a aussi contribué à ce que l'on cesse de considérer les vérités exprimées dans l'hindouisme comme étant réservées aux seuls hindous. Toute sagesse est bonne à connaître, tout saint est bon à rencontrer, pour qui cherche la Vérité. À ce propos, la déclaration du Shankarâchârya de Shringeri[1] confirme sans ambiguïté cette ouverture des doctrines hindoues sur l'humanité tout entière :

« L'hindouisme est le nom donné actuellement à notre système, mais son nom réel a toujours été *sanâtana dharma* [*sophia perennis*, la philosophie éternelle]. Il ne date pas d'un point particulier du temps,

---

1. Le Shankarâchârya de Shringeri est l'un des quatre représentants de la lignée traditionnelle d'Âdi Shankarâchârya, le grand Shankara du VIIe siècle, auteur des plus grands enseignements de l'*advaïta vedânta*.

ni ne commence avec un fondateur particulier. Étant éternel, il est aussi universel. Il ne connaît pas de juridiction territoriale. Tous les êtres nés ou à naître y appartiennent. Le monde entier a le droit de chercher à être dirigé par les doctrines de notre tradition. Je ne dis pas que la direction sera la même pour tous. »[1]

Ce livre se propose de continuer à ouvrir la voie telle qu'elle est présentée par les textes et les hommes éternels des traditions de l'Inde. Il ne s'agit pas de faire n'importe quoi, en vulgarisant ces enseignements sacrés. Un seul regard suffit pour se rendre compte de la révérence et l'humilité avec laquelle l'hindou approche ses disciplines spirituelles. Le non-hindou doit apprendre à s'approcher de ces doctrines avec au moins autant de respect et d'humilité. C'est une condition indispensable pour accéder au cœur de ces enseignements.

En première partie, nous présentons brièvement les notions essentielles de la métaphysique hindoue, afin de mieux situer le contexte où l'on entend résonner la syllabe *Om* avec tant de force et d'autorité.

Et c'est avec Sir John Woodroffe (connu aussi sous le nom d'Arthur Avalon), pionnier et éminent spé-

---

1. Déclaration publiée par Bernard Dubant, dans son avant-propos au livre de Harsh Narain « Culture composite et égalité îles religions », éditions Guy Trédaniel.

cialiste des doctrines tantriques, que nous concluons notre présentation de la syllabe sacrée, dans une approche très « shaktique » ou « énergétique » de la question.

Ainsi que le disait le grand Shankara, pour recevoir toute l'efficience de ce que porte la syllabe *Om* (ou tout autre enseignement spirituel), l'adepte doit être animé d'une foi authentique (*shraddhâ*), ainsi que de l'intense désir de la délivrance (*mumukshutva*). La Foi, avec un « F » majuscule, ne signifie pas une « croyance » plus ou moins aléatoire, mais bel et bien une certitude intérieure, une confiance sereine dans la Parole énoncée par les Écritures ou les Sages. Quant à l'intense désir de la délivrance, il est fonction de la grâce divine et de la capacité à la recevoir… Car c'est la grâce qui permet d'avoir une attitude intensément dévotionnelle, avec la joie ineffable qui l'accompagne. Cette « joie » qui s'impose au récitant est l'« avant-goût » éphémère de la Béatitude[1] absolue évoquée et vécue par les Sages.

---

1. À propos de « Béatitude », (*ânanda* en sanskrit), il peut sembler étonnant que dans le monde moderne le terme « béat » n'ait le plus souvent qu'un sens péjoratif, caricatural : dans le langage commun, ce mot ne sert guère que comme synonyme de « niais ». Or, le sens premier du mot « béat » (du latin , « heureux ») est : « heureux en Dieu ». Ici, l'étonnement cède la place à un haussement d'épaules résigné : il n'y a en fait rien d'étonnant à ce que soit ridiculisée la notion d'être « heureux en Dieu ». Mais il n'y a rien d'étonnant à ce que, dans une civilisation où l'intelligence se fonde sur le matérialisme de la science

«Traduire, c'est trahir», dit-on. Nous souscrivons volontiers à ce dicton, et pensons, comme Ânanda K. Coomaraswamy, le grand *pandita*[1] du XXe siècle, que les textes sacrés doivent être lus dans leur langue d'origine, autant que possible. Malheureusement, ce «possible» est rare, et il est souvent nécessaire de recourir aux moins mauvaises traductions qui puissent se trouver, pour accéder, même imparfaitement, aux enseignements les plus parfaits.

Les traductions rapportées ici sont dues pour l'essentiel aux travaux d'éminents sanskritistes, le plus souvent à partir de versions anglaises. Elles ont parfois été confrontées entre elles, parfois remodelées, le résultat donnant lieu à des versions inédites de certains passages. Reconnaissance est due pour leur œuvre précieuse à : Paul Deussen, Robert Ernest Hume, S. Radhakrishnan, A.J. Alston, Hari Prasad Shastri, Jean Varenne, Emile Senart, Swâmî Swâhânanda, Swâmî

---

mécaniste, l'idée d'être «heureux en Dieu» soit ridicule. Le mythe du Progrès est la source du fidéisme moderne (mon «croit» au Progrès), ayant remplacé les Mythes et la Foi de la spiritualité ancestrale. La Béatitude («Félicité parfaite des élus de Dieu) n'a plus de sens dans un tel monde, et se trouve remplacée, comme idéal, par les joies éphémères liées aux satisfactions physiques, émotionnelles ou mentales...

1. Pandita : «Sage», «savant», «cultivé», «maître»... M. Coomaraswamy (1877-1949) était certainement tout cela à la fois. Son œuvre, monumentale, permet de constater à quel point la Vérité spirituelle est contenue dans les traditions les plus diverses.

Gambhîrânanda, Ratna Ma Navaratnam, Alyette Degrâces-Fahd, René Allar, Paul Martin-Dubost, Louis Renou, Swâmî Madhavânanda, Swâmî Tyâgîsânanda, Swâmî Chinmayânanda, Tara Michaël, Mlle Esnoul, Marcel Sauton, E. Lesimple, J. Bousquet, B. Tubini, J. Maury, Louis Renou, Aliette et Lilian Silburn et Sir John Woodroffe...

Translittération

En complément à la lecture des enseignements de ces textes, le lecteur pourra aussi en pratiquer, ici ou là, la prononciation. *Om* est avant tout une expression sonore, destinée à être entendue et prononcée...

Les *Upanishad* donnent des indications précises pour la pratique juste de la récitation et la méditation sur *Om*. En lire la traduction est donc bénéfique, pour qui veut comprendre. Mais le fait d'énoncer les *mantra* de ces enseignements dans leur langue d'origine est aussi considéré comme une pratique spirituelle essentielle : le sanskrit est une langue sacrée, et les textes sacrés doivent, autant que possible, être lus dans leur langue d'origine. Par exemple, il est prescrit à tout musulman de lire le Coran en arabe, *avant même d'être apte à comprendre ce qu'il lit*. La seule vibration sonore est donc essentielle lors de la récitation d'un texte sacré.

À plus forte raison, lorsqu'il s'agit de la syllabe *Om*...

Certains extraits des traductions des *Upanishad*, de la *Bhagavad-Gîtâ* ou du *Pañcadashî* proposées ici sont donc accompagnés de la translittération du sanskrit, pour permettre au lecteur de se familiariser avec les sonorités de la « langue des *mantra* », et d'aller plus profondément au cœur des textes...

Voici donc les indications concernant les lettres dont la prononciation diffère du français dans la translittération du sanskrit :

<u>Voyelles</u>

â : « a » long.

e : à mi-chemin entre « é » et « ê ».

î : « i » long.

u : « ou ».

û : « ou » long.

r : (suivi d'une consonne) : « ri », (« r » légèrement roulé, suivi d'un « i » très bref). Ex : *rgveda*.

ai : « aï », comme dans « paille ».

au : « aou », comme dans l'anglais « mouse ».

Consonnes

c : « tch ». *cakra* se dit « tchakra ».

ch : « tch » + « h ».

g : toujours dur, même après un « e » ou un « i » : *gîtâ* se dit « guîtâ ».

h : toujours aspiré, toujours prononcé.

j : « dj ».

ñ : « gn », comme dans « digne ».

ph : « p » + « h » aspiré.

r : « r » roulé légèrement »

s : toujours dur, ex » : *âsana*, qui se dit « âssana »

sh : comme le « ch » français, exemple : « chat »

L'Unique Absolu

> Méditer : « Je suis le Tout » :
> telle est l'observance religieuse,
> telle est l'observance religieuse.
> (*Chândogya Upanishad*, II, XXI, 4)

Avant de plonger dans les sources écrites de la tradition hindoue, voici un bref rappel de quelques-unes des notions essentielles du *sanâtana dharma*, la *sophia perennis* telle que l'Inde l'enseigne.

I. *Brahman*

La Réalité ultime, l'Absolu, le Divin incommensurable. C'est l'Être, non conditionné, au-delà du temps, de l'espace, et de la causalité. Source de toutes choses, il précède aussi les dieux, comme Brahma, Vishnu, Shiva, Ganesha, Krishna, Rama, etc., dont Il est la Source. Ces noms le désignent, Lui, le Brahman sans nom ni forme, dont ils sont des intermédiaires, supports d'adoration et de méditation. L'hindou qui adore Dieu avec un nom et une forme n'adore pas une divinité particulière, mais LE Divin unique et absolu, dont les attributs ne sont qu'une représentation symbolique. L'hindou reconnaît l'existence des multiples formes du Divin, il reconnaît la vérité dans toutes les religions qu'on lui présente comme authentiques. Il est conscient que chacun ayant des origines et des sensibilités différentes, les formes et les noms du Divin peuvent être nombreux. Mais il *sait* que le Suprême est Un.

Le *Brahman* est impersonnel ; bien qu'étant l'incomparable, on peut dire de lui ce que l'on dit du *Tao* des Chinois, ou tout simplement du Dieu suprême de la plupart des grandes religions : il est sans attributs, sans image, impossible à concevoir avec le mental. Les divinités (comme Shiva, Krishna, Rama, Ganesha, etc.) sont l'intermédiaire, le support symbolique pour la méditation et la prière des fidèles : le pont, permettant au « créé » de s'approcher de « l'Incréé ».

Le grand saint du XIXe siècle, shrî Râmakrishna, déclare sans ambiguïté : « Le *Brahman* ne peut être expliqué par des mots ; il est au-delà de la pensée et de la parole, au-delà de la concentration et de la méditation (...), en résumé, au-delà de toute relativité. »[1] Ail-

---

1. *Sayings of Sri Ramakrishna*, § 835, 840, éd. Sri Ramakrishna Math, Madras.

leurs, le même saint dit : « Son nom est Intelligence ; sa demeure est Intelligence, et lui, le Seigneur, est lui-même Intelligence ».[1]

Brahman, l'Absolu, ne doit pas être confondu avec le « brahmane », nom désignant un membre de la caste sacerdotale, ni avec Brahma, qui est le nom d'une divinité particulière : Brahma est l'une des trois divinités de la mythologie, issues du Seigneur suprême. C'est un des aspects du Suprême, Dieu « Créateur » du monde, celui par qui le monde, l'univers est manifesté à chaque nouveau cycle. Vishnu est le nom de Dieu en tant que protecteur, du monde, le « Conservateur ». Enfin, Shiva est le nom du « Destructeur », celui qui dissout le monde manifesté à la fin de chaque cycle. On considère généralement que la plupart des hindous se partagent entre « Vishnouïtes » et « Shivaïtes », les adeptes de Brahma étant très rares, tout comme les temples qui lui sont dédiés. Parmi les adeptes de Vishnu, on compte les dévots des deux principales « incarnations » du suprême Vishnu dans le monde : Krishna et Rama, héros des deux grandioses épopées que sont le Mahâbharata et le Râmayana. Quant au Shivaïsme, il est présent, sous des formes diverses, à travers toute l'Inde : au Nord, le Shivaïsme du Cache-

---

1. *Ramakrishna, sa Vie et ses Proverbes*, Max Müller, § 37, éd. Discovery.

mire, par exemple, est très différent de l'*advaïta vedânta* du sud, voire, toujours au sud, du *Saivam* non-védique. Les plus récentes conclusions des historiens des religions, à la suite de Mircea Eliade par exemple, indiquent que cette forme du Shivaïsme date bien des temps pré-védiques. Dans ce livre, c'est essentiellement du point de vue shivaïte de *l'advaïta vedânta* que nous allons considérer la syllabe *Om*. Cependant, le chapitre consacré au *Tirumantiram* montre que les textes tamouls du Shivaïsme dravidien convergent avec les grands écrits sanskrits. Simplement, ces derniers ont été beaucoup plus traduits et étudiés... Pour la tradition shivaïte (où Shiva est le mon du suprême *Brahman*), *Om* est la première[1] vibration sonore, issue de l'émanation primordiale de la Volonté de Shiva. Shiva est infini, transcendant, au-delà des trois états, de veille (*jagrat*, régi par Brahmâ), de rêve (*svapna*, contrôlé par Vishnu) et de sommeil profond (*sushupti*, régi par Rudra, ou Shiva). Il est personnifié en tant qu'*akshara* (la syllabe sacrée) dans l'état *turîya*. *Turîya*,

---

1. Ce qui est signifié par « première », ou « primordiale », ce n'est pas l'antériorité dans un temps linéaire, mais dans l'éternité. De même, les notions de créations ou dissolution s'inscrivent dans un *continuum* cyclique. Dieu, sous son aspect créateur (Brâhmâ) n'a pas créé le monde une fois il y a des millions d'années ; en fait il crée et recrée sans cesse ce que Dieu, sous son aspect destructeur (Rudra, Shiva) détruit et dissout sans cesse. Du point de vue hindou, la vie n'a pas de commencement, elle est éternelle : chercher son origine n'a donc aucun sens.

c'est le Quatrième, l'état au-delà des états de veille, sommeil avec rêves et sommeil profond. C'est le plus pur état d'éveil, celui de la pure conscience vécue dans la paix la plus parfaite, identique à la paix du sommeil profond en pleine conscience.

Shiva est *Parabrahman* (la Réalité suprême, le Divin incommensurable), il précède la création et demeure après la dissolution.

II. *Âtman*

Le «Soi», Le «moi», *l'ego* n'est pas réel, le Soi est le seul Être réel, la seule véritable identité, le seul «Je» réel. Il peut être dit de lui tout ce qui est dit du *Brahman*. Tout l'enseignement du *vedânta* tient dans cette équation: *Âtman = Brahman,* c'est-à-dire: le Soi *est* l'Absolu. Cette affirmation ressemble à un *koan* du Zen, étant incompréhensible par le mental. Elle ne peut être comprise par le raisonnement, seule la grâce (*kripâ*) permet de la réaliser. Tous les exercices spirituels, les pratiques de *yoga, mantra, tapas* (ascèses), etc. sont des supports, destinés à faire disparaître *l'ego,* l'intrus qui siège à la place de la conscience véritable, celle du Soi. Le but, pour celui qui veut la véritable connaissance de soi, est le suivant: cesser de se prendre pour «je», distinct de ceci ou de cela, ou de l'Absolu même, afin de devenir «Je», l'unique Soi de toutes choses, l'*Âtman-Brahman*.

Pour Âdi Shankarâcharya, le Soi unique (*Âtman*) est la réalité suprême, l'Un qui précède toute manifestation, toute multiplicité. La multiplicité n'est elle-même qu'une apparence, fruit de la « magie » (*maya*) du Pouvoir divin. De même, l'apparence de pluralité dans la parole, se manifeste par les mots désignant les divers objets de ce monde d'apparences. En fait cette apparence de pluralité de la parole n'est en réalité que la syllabe unique, *Om*. Et la syllabe *Om* est la vraie nature du Soi, et elle exprime le Soi. (Cf. le commentaire de Shankarâcharya à la *Mândûkya Upanishad*, I)

III. *Mâyâ*

Concept essentiel dans la pensée hindoue, défini superbement dans l'une des grandes *Upanishad* :

> *Il faut savoir que la Nature est magie* (mâyâ),
> *Le Souverain Seigneur le magicien* (mâyîn),
> *Et que tout cet univers est pénétré de créatures,*
> *Fragments de Lui-même.*[1]

Le plus souvent traduite par « illusion », l'idée de *mâyâ* est peut-être mieux rendue par « magie ». Dans tous les cas, il s'agit de désigner par ce mot l'irréalité du monde, ou plutôt son absence de réalité indépendam-

---

1. *Shvetâsvatara Upanishad*, IV, 10.

ment du Principe Absolu (*Brahman-Âtman*), qui seul est le Réel. Le monde est apparence, son apparition est l'œuvre du Magicien suprême. Le « moi » l'*ego* est tout aussi irréel, le Soi étant le seul Être réel.

IV. *Upanishad*

Ce mot désigne les enseignements « secrets » de la Révélation des *Veda*, traitant des vérités métaphysiques. Étymologiquement, le mot *upanishad* se traduit littéralement par « assis auprès de », désignant un enseignement donné en secret, de maître à disciple. Les *Upanishad* forment, avec la *Bhagavad-gîtâ* et les *Brahma-sûtra*, le corps de la doctrine du *Vedânta*. Celui-ci signifie, littéralement, la « fin du *veda* », le mot « fin » étant entendu au sens d'aboutissement, enseignement ultime. L'enseignement central des *Upanishad* est l'identité métaphysique du Soi (*Âtman*) et de l'Absolu (*Brahman*). Traditionnellement, elles sont au nombre de 108, nombre sacré par excellence pour l'Inde. Comme pour l'ensemble des *veda*, il est difficile d'établir une date pour situer leur apparition dans l'histoire. Pour les plus anciennes, certains spécialistes parlent du VIe-Ve siècle avant notre ère, mais rien n'est sûr. Qui plus est, la connaissance védique se transmettait oralement avant le « progrès » de son passage à l'écriture. Les moyens dont nous disposons pour remonter le temps ne permettent aucune conclusion définitive, et malgré le travail acharné des historiens, ces textes gardent le mystère quant à leurs origines.

V. *Mantra*

Le *mantra* est une formule sacrée. Ce peut être une syllabe, un mot, un groupe de mots. Les lettres ou les mots qui composent un *mantra* peuvent avoir une signification, mais ce n'est pas toujours le cas. À la différence de la prière, où la signification des mots est essentielle, dans l'énonciation d'un *mantra*, c'est l'énergie de la vibration sonore qui compte : le *mantra* est « une masse d'énergie rayonnante » (Arthur Avalon). La répétition d'un *mantra* est une pratique qui éveille l'énergie divine (*shakti*), au point d'amener à l'union parfaite de la conscience et l'énergie. Le *mantra* lui-même est conscience-énergie (*cit-shakti*). Le *mantra* Om contient en germe l'ensemble des *Veda*.

Om, le târaka mantra

Om est le *mantra* qui aide à traverser l'existence (l'océan de la transmigration, *samsâra*) : il nous aide à surmonter les douleurs et les peurs de l'existence. C'est pourquoi on l'appelle le *târaka mantra* (« *mantra* qui aide à traverser »).

Gâyatrî mantra

Parmi les *mantra* védiques, le plus important est la *gâyatrî*, extrait du *Rgveda* :

> *ôm bhûr bhuvah svah*
> *tat savitur varenyam*
> *bhargo devasya dhîmahî*
> *dhiyo yonah pracodayât*
> *Parameshvarâya vidmahe*
> *para-tattvâya dhîmahî :*
> *tan no Bhaman pracodayât*

Traduction :

« *Om* ! sphère terrestre, sphère atmosphérique, sphère céleste !

Contemplons la splendeur du merveilleux esprit solaire, le divin Créateur !

Qu'il dirige nos esprits ! »

Traditionnellement, ce *mantra* est réservé aux « deux fois nés », c'est-à-dire les membres des castes supérieures : *brâhmana*, *kshatriya* et *vaishya* (castes sacerdotale, militaire et des artisans-commerçants). Ils doivent répéter ce *mantra* tous les jours, le matin, le midi et le soir. Les *Upanishad* les plus anciennes en font l'éloge :

« La *gâyatrî*, en vérité, est tout cet univers, tout ce

qui existe ici-bas. La parole, en vérité, est *gâyatrî*; car la parole exprime et protège tout cet univers,» (*Chândogya Upanishad*, III, XII, 1).

«La *gâyatrî* protège les *gaya*; les *gaya* sont les souffles, elle protège donc les souffles; et parce qu'elle protège les souffles, son nom est *gâyatrî*,» (*Brhadâranyaka Upanishad*, V, XIV, 4)

Mais il existe d'autres *gâyatrî mantra*, dans les textes tantriques notamment, pour lesquels il n'est pas fait de distinctions de caste : par exemple, la *Brahma-gâyatrî*, extraite du *Mahânirvânâ tantra* :

*Parameshvarâya vidmahe
para-tattvâya dhîmahî :
tan no Brahman pracodayât*

Traduction :

«Puissions-nous connaître le Suprême Seigneur,
Contemplons la Suprême Réalité ;

Puisse ce *Brahman* nous diriger !»

VI. *Japa*

Le *japa* est la répétition constante et régulière, à voix basse, d'un *mantra*. La pratique du *japa* est à rapprocher de celle du *dhikr* dans l'Islam, ou la *prière du cœur* des chrétiens. Toute pratique spirituelle est comprise, chez les hindous, comme un sacrifice, une offrande de l'*ego* pour l'Absolu divin. Le *japa* est tenu en très haute estime par les autorités spirituelles de l'Inde, Ainsi, dans la *Bhagavad-gîtâ*, Krishna, en tant que Seigneur suprême, dit (X, 25) : « Parmi tous les sacrifices, je suis le sacrifice du *japa*. »

Le mot *japa* est composé de «*ja*», pour *janmavichheda*, « cessation du cycle des naissances » et «*pa*», pour *pâpanâshana,* « destruction du mal, des péchés ». Le son produit des vibrations dans le champ cosmique. L'intensité des vibrations produites par la récitation du *japa* affecte la totalité du macrocosme et du microcosme. Le *japa Om* est le *japa* primordial. Il est « la divine allopathie pour tous les maux humains » (Ratna Ma Navaratnam)

Pour que la vibration *Om* soit pleinement effective, elle doit être énoncée dans l'intonation appropriée de ses différents degrés (*mâtrâ*). Les *âgama* expliquent : «a» détruit la colère ; «*u*» permet de surmonter l'illusion de la haine ; «m» tue la peur. Le symbole combiné (*samashti*) d'*Om* représentant Ganesha soumet l'*ego* de l'homme.

VII. *Pranavayoga*

Le chant continuel *Om* est la pratique spirituelle (*sâdhana*) de la soumission de l'*ego,* nécessaire pour atteindre le véritable Soi. C'est l'intensité de la foi de l'aspirant qui donne sa pleine puissance à l'incantation d'*Om.* Le *pranava* facilite l'acte de prosternation et de soumission au Divin (*namaskâram*), dont il est à l'origine. Il permet d'atteindre le quatrième état (*turîya*), état de communion avec Shiva. Le *pranava yoga* est le chant incessant ou l'incantation intérieure incessante du *pranava,* Om. *Ce yoga* fait partie intégrante du *râja yoga,* menant à l'union – *advaïta* (« sans dualité ») — avec Shiva.

Le terme *pranava,* selon le *Vinâyaka purâna* signifie l'aspect sans forme de Vinâyaka[1], exprimé par des combinaisons et des degrés sonores. Son étymologie l'identifie au souffle (*prâna*) et au vent (*yâyu*).

Le symbole mystique *Om* pénètre toutes choses, qui ne sont que des aspects de Shiva. C'est pourquoi, parmi toutes les formes d'adoration, la plus efficace est le chant de son *Om* primordial et l'invocation de sa gloire.

---

1. *Vinâyaka* : autre nom de Ganesha, signifiant « guide », « conducteur ».

ॐ

Mândûkya Upanishad

Upanishad en douze strophes, extraite de l'*Atharvaveda*. Parmi les grandes *Upanishad* anciennes, c'est la seule entièrement consacrée à la syllabe *Om*. Elle en expose le sens, ainsi que ses correspondances avec les états de veille, sommeil avec rêves et sommeil profond. La *Muktikâ Up.* (I, 27), dans sa classification des 108 principales *Upanishad*, dit que la *Mândûkya*, à elle seule, peut mener à la libération : *mândûkyam ekam evâlam mumukshûnâm vimuktaye*.

Texte de l'*Upanishad*

1. *Aum* ! [*Om* !] Cette syllabe est tout. Voici l'explication : le passé, le présent, le futur, tout est *Aum* ; de même, ce qui transcende les trois temps est aussi la syllabe *Aum*.

2. En vérité, tout ceci est *Brahman* ; le Soi (*Âtman*) est *Brahman*, Ce Soi (*Âtman*) a quatre quartiers.

3. Premier quartier : *vaishvânara* («le commun», «l'universel»), correspond à l'état de veille, conscience des perceptions extérieures, doté de sept membres, dix-neuf bouches, jouissance des objets grossiers (matériels).

4. Deuxième quartier : *taijasa* («le lumineux»), à l'état de rêve, la conscience interne, doté de sept membres et dix-neuf bouches, jouissance des objets subtils.

5. Troisième quartier : *prâjña* («la sagesse»), le sommeil profond, sans désirs, sans rêves, unifié, constitué de conscience, en pleine félicité, jouissance de la béatitude, ayant pour «bouche» la pensée.

6. [*Prâjña*] est le Seigneur de toutes choses, l'Omniscient, le Guide intérieur ; la Source de toutes choses, origine et fin des êtres.

7. Le quatrième quartier, *turîya*, n'est pas la conscience interne, ni la conscience externe, ni les deux consciences, n'étant pas constitué de conscience, n'étant pas conscience, ni inconscience. Il est invisible, indéfinissable, insaisissable, sans caractéris-

tiques, impensable, il ne peut être nommé, il est pure conscience de soi : il englobe toutes choses, il est paisible, bienveillant, sans dualité. Tel est le Soi (*âtman*), celui qui doit être connu.

8. Tel est le Soi (*âtman*), dont la nature est la syllabe *Aum*, dont les quartiers sont exprimés dans les lettres, *a, u, m*.

9. *Vaishvânara*, («le commun», «l'universel») l'état de veille, est la première lettre, *a*, signifiant la primauté et l'obtention [des objets grossiers]. Il obtient la satisfaction de tous ses désirs, et devient le premier, celui qui sait ainsi.

10. *Taijasa* («le lumineux») est la lettre intermédiaire *u*, l'état de rêve, état intermédiaire [entre veille et sommeil profond] et d'exaltation [dans le subtil]. Celui qui sait ainsi assure la continuité de la connaissance, et devient égal pour tous. Personne ne naît, dans sa lignée, qui ne soit un connaisseur du *Brahman*.

11. *Prâjna*, («la sagesse») l'état de sommeil profond est la troisième lettre *m*, qui marque la mesure et l'absorption. Celui qui sait ainsi mesure toutes choses et en lui toutes choses sont absorbées.

12. Le Quatrième est au-delà des états [de veille, rêve et sommeil profond] ; indéfinissable, englobant toutes choses, bienveillant, sans dualité. Ainsi, la syllabe *Om* est le Soi, Celui qui sait ainsi entre dans le Soi par le soi.

Translittération de la *Mândûhya Upanishad*

1. aum ity etad aksharam idam sarvam,
tasyopavyâkhyânam, bhûtam bhavad bhavishyad
iti sarvam aumkâra eva,
yac cânyat trikâlâtîtam tad apy aumkâra eva.

2. sarvam hy etad brahma,
ayam âtmâ brahma,
so'yam âtmâ catush-pât.

3. jâgarita sthâno bahish-prajñah saptânga
ekonavimshati-mukhah sthûla-bhug
vaishvânarah prathamah pâdah.

4. svapna-sthâno'ntah-prajñah saptânga
ekonavimshati-mukhah pravivikta-bhuk
taijaso dvîtiyah pâdah.

5. yatra supto na kam cana kâmam kâmayate
na kam cana svapnam pashyati tat sushuptam, sushupta-
sthâna ekî-bhûtah prajñânâ-ghana
evânanda-mayo hy ânanda-bhuk ceto-mukhah prâjñas
trtîyah pâdah.

6. esha sarveshvarah esha sarvajñah,
esho'ntâryami, esha yonih sarvasya
prabhavâpyayau hi bhûtânâm.

7. nântah-prajñam, na bahish prajñam,
nobhayatah-prajñam, na prajnañâ-ghanam,
na prajñam, nâprajñam, adrshtam,
avyavahârayam, agrâhyam, alakshanam,
acintyam, avyapadeshyam,
ekâtma-pratyaya-sâram, prapañcopashamam, shântam,
shivam, advaïtam, caturtham manyante,
sa âtmâ, sa vijñeyah.

8. so'yam âtmâdhyaksharam aumkâro'dhimâtram
pâdâ mâtrâ mâtrâsh
ca pâdâ akâra ukâra makâra iti.

9. jâgarita-sthâno vaishvânaro'kârah
prathamâ mâtrâ'pter âdimattvâd
vâ'pnoti ha vai sarvân kâmân
âdish ca bhavati ya evam veda.

10. svapna-sthânas taijasa ukâro
dvitîyâ mâtrot karshât ubhayatvâdvotkarshati ha vai
jñâna-samtatim samânash ca bhavati,
nâsyâbrahma-vit-kule bhavati ya evam veda.

11. sushupta-sthânah prâjño makâras
trtîya mâtrâ miter apîter
vâ minoti ha vâ idam sarvam apîtish
ca bhavati ya evam veda.

12. amâtrash caturtho'vyavahâryah
prapañcopashamah shivo'dvaita
evam aumkâra âtmaiva,
samvishaty âtmanâ'tmânam ya evam veda.

Chândogya Upanishad

La *Chândogya* est l'une des deux plus grandes et anciennes *Upanishad*. Elle appartient au *Sâmaveda*. Son nom désigne le chanteur du *sâman*, Chandoga. En voici des extraits, où l'*Upanishad* traite de la genèse et du sens de la syllabe sacrée *Om*.

Extraits de la *Chândogya Upanishad*

*I, 1, 8. Tad va etad anujñaksharam, yaddhi kim
cânujânâty aum ity eva tad âha ;
eshâ eva samrddhiryad anujñâ,
samardhayitâ ha vai kâmânâm bhavati
ya etad evam vidvân aksharam udgîtham upâste*

I 1, 8. En vérité, cette syllabe *Om* marque l'approbation : quand on veut marquer l'accord, on dit : « *Om !* » L'approbation signifie le succès. Celui qui, connaissant cela, médite sur la syllabe *Om* en tant que l'*udghîta* (le chant sacré), parvient, en vérité, à satisfaire tous ses désirs.

I, IV, 1. Aum. ity etad aksharam udgîham
upasîtom iti hy udgâyati,
tasyopavyâkhyânam

I, IV, 1. On doit méditer sur cette syllabe en tant que l'*udgîtha*, puisque lorsqu'on chante à voix haute, on commence avec *Om*. Voici l'explication :

IV, I, 2. devâ vai mrtyor bibhyatas
trayîm vidyâm pravishams te
chandobhir âcchâdayan,
yad ebhir acchâdayams
tac chandasâm chandas tvam

I, IV, 2. Les dieux, lorsqu'ils eurent peur de la mort, prirent refuge dans la triple connaissance des *Veda*. Ils se couvrirent de son mètre. À cause de cela [le fait de prendre le mètre comme couverture], le mètre est appelé *chandas*.

I, IV, 3. tân u tatra mrtyur
yathâ matsyam udake paripashyet ;
evam paryapashyad ni sâmni yajushi,
te nu viditvordhvâ rcah sâmno yajushah,
svaram eva pravishan

I, IV, 3. La mort les observait là dans le *Rg*, dans le *Sâman* et dans le *Yajus*, comme lorsqu'on observe un poisson dans l'eau. Lorsqu'ils surent cela, ils sortirent du *Rg*, du *Sâman* et du *Yajus* et prirent refuge dans le son (*svaram*).

> I, IV, 4. yadâ va rcam âpnoty
> aum ity evâtisvaraty evam
> sâmaivam yajur esha u svaro
> yad etad aksharam etad amrtam abhayam
> tat pravishya devâ amrta abhayâ abhavan

I, IV, 4. Lorsqu'on apprend un *Rk* [hymne du *Rgveda*], la syllabe *Om* résonne ; de même dans les cas des *sâman* et des *yajus*. Voilà le son par excellence, l'indestructible. Il est immortel, tranquille [*abhaya* : littéralement : «sans crainte»]. Prenant refuge en lui, les dieux devinrent immortels et tranquilles.

> I, IV, 5. sa ya etad evam vidvân aksharam
> pranauty etad evâksharam svaram
> amrtam abhayam pravishati,
> tat pravishya yad amrtâ
> devâs tad amrto bhavati

I, IV, 5. Celui qui, connaissant ainsi la syllabe indestructible (*akshara*), lui rend hommage, celui-là entre dans cette syllabe qui est le son par excellence, immortel, tranquille. Y étant entré, il devient immortel comme les dieux.

I, v, i. atha khaluya udgîthah sa pranavo y ah pranavah sa udgîtha ity asau va âditya udgîtha esha pranava aum iti hy esha svarann eti

I, v, 1. En vérité, le chant sacré est *Om*. *Om* est le chant sacré. Et donc, le chant sacré est ce soleil même, qui est *Om*, car le soleil résonne constamment du son *Om*.

*II, XXIII, i. trayo dharma-skândah
yajño'dhyayanam dânam iti prathamas
tapa eva dvitiyo brahmacâryâcârya-kula-vâsî
trtîyo'tyantam âtmânam âcâryakule'vasâdayan sarva ete
punya-loka bhavanti brahma-samstho'mrtatvam eti*

II, XXIII, 1. Il y a trois divisions dans la règle de vie vertueuse: le sacrifice, l'étude et la charité forment la première; l'ascèse constitue la seconde; la troisième est la vie de *brahmacârya* (vie de célibat, au domicile d'un maître). Chacune de ces voies mène l'aspirant dans les mondes de pureté. Celui qui est établi en *Brahman* atteint l'immortalité.

*II, XXIII, 2. prajâpatir lokân abhyatapat;
tebhyo abhitaptebhyas trayî vidyâ samprâsravat,
tâm abhyatapat, tasyà abhitaptâyâ
etâny aksharâni samprâsravanta
bhûr bhuvah svar iti*

II, XXIII, 2. Prajâpati pratiqua l'ascèse [*tapas*, «échauffement»] sur les mondes. La science des trois *Veda* en découla; il pratiqua l'ascèse sur cela. De cette science sur laquelle il pratiqua l'ascèse sortirent ces syllabes, *bhûh, bhuvah, svah.*

II, XXIII, 3. tan abhyatapat, tebhyo'bhitaptebhya
aumkârah samprâsravat, tad yathâ sankunâ
sarvâni parnâni samtrnnâny eva
aumkârena sarvâ vâk
samtrnnaumkâra evedam sarvam,
aumkâra evedam sarvam

II, XXIII, 3. Il pratiqua l'ascèse sur ces trois syllabes. D'elles surgit la syllabe *Om* (*omkâra*). De même que les feuilles sont reliées entre elles par leur fibre commune, de même toutes les paroles (*vâk*) sont reliées par *Om. Om* est en vérité tout cela.

Mundaka Upanishad

À partir de la racine *mund*, « rasé », le nom de cette *Upanishad* a été traduit de diverses manières : « L'*Upanishad* de ceux qui ont le crâne rasé » (Deussen) ou « L'*Upanishad* qui est 'rasée' ou dépouillée de toute erreur ou ignorance » (S. Radhakrishnan). Elle fait partie de l'*Atharvaveda*, et établit clairement la distinction entre la connaissance supérieure, celle du *Brahman* suprême, et la connaissance inférieure, celle de tout ce qui concerne le monde créé. Selon l'*Upanishad*, seule cette Connaissance suprême peut permettre la réalisation du Soi, de l'Absolu (*Brahman*), les sacrifices et la dévotion ne pouvant suffire... Seul celui qui a renoncé à tout (le *sannyâsin*, symbolisant ce renoncement par son crâne rasé) peut obtenir cette Connaissance. Nous donnons ici deux extraits de la Mundaka traitant directement du *pranava* Om. Le premier (II, II, 4) exprime, par une image on ne peut plus adéquate, la réalisation de l'identité parfaite du Soi (*Âtman*) et de l'Absolu (*Brahman*), à l'aide du support *Om*. Ceux qui pratiquent l'art du tir à l'arc, tout comme ceux qui ont lu ce qu'en dit le Zen japonais[1] y verront un troublant rappel de l'idée de « faire un avec la cible ». En peu de mots, on pourrait résumer ce passage ainsi : « *Om*, *Âtman* et *Brahman* font un ». Cette unité est la Réalité, et *Om* nous est présenté comme le support, le point de départ, l'impulsion originelle pour y atteindre…

II, II, 4 :
*franavo dhanuh
sharo hy âtmâ
brahma tal lakshyam ucyate
apramattena veddhavyam
sharavat tanmayo bhavet*

« La syllabe *Om* est l'arc ;

Le Soi (*âtman*) est la flèche ;

Le *Brahman* est la cible,

Qui doit être atteinte par un homme concentré.

Tout comme la flèche,

Il fait un avec la cible. »

---

1. Voir le très beau livre de Herrigel, « Le zen dans l'art chevaleresque du tir à l'arc », éd. Dervy-livres.

Le deuxième extrait, quelques lignes plus bas dans l'*Upanishad* (II, II, 6), est on ne peut plus simple dans sa formulation : il s'agit de l'injonction, donnée à l'aspirant, de méditer sur cette Unité parfaite du Soi et de l'Absolu, à l'aide de la syllabe *Om*. Selon l'image citée plus haut, l'injonction est donnée de pratiquer cet art suprême du tir à l'arc (la méditation sur *Om*), et, dans un état de parfaite concentration, de réaliser l'unité du Soi et de l'Absolu.

II, II, 6 :
aum ity evam dhyâyathâtmânam

« Avec *Om*, médite sur le Soi. »

Prashna Upanishad

Cette *Upanishad* de l'*Atharvaveda* traite de six questions (*prashna* signifie « question ») posées au sage Pippalâda par ses disciples qui cherchaient à connaître, entre autres, le Pouvoir de la syllabe *Om*.

Extraits de la Prashna Upanishad

V, 1. Alors Satyakâma, fils de Shibi, demanda à Pippalâda : « Vénérable, celui qui, parmi les hommes, médite sur la syllabe *Aum* jusqu'à la fin de sa vie, quel monde gagne-t-il ? »

V, 2. Il lui dit : « En vérité, ô Satyakâma, la syllabe *Om* est le *Brahman* suprême, ainsi que le *Brahman* non-suprême. Il atteint l'un ou l'autre, le sage qui prend pour support la syllabe *Om*.

V, 3. En méditant sur une seule de ses mesures (« a »), il est éclairé, et obtient de revenir rapidement sur terre après sa mort. Les hymnes (du *Rgveda*) le mènent au monde humain ; là il acquiert l'ascèse, la chasteté et la foi, et fait l'expérience de la grandeur.

V, 4. Si sa méditation se fait, sur deux mesures (« au »), il obtient la réalisation mentale. Il est mené par les formules (du *Yajurveda*) dans l'espace intermédiaire, le monde de *Soma* (la lune) ; ayant fait là-bas l'expérience de la grandeur, il revient.

V, 5. Mais s'il médite sur la Personne suprême (*param purusham*) avec les trois mesures de la syllabe *Aum* (« a », « u », « m »), il devient un avec la lumière, avec le soleil. Tout comme le serpent est libéré de sa vieille peau, il est libéré de ses péchés. Il est mené par les chants (du *Sâmaveda*) dans le monde de Brahma. Là, il contemple la Personne suprême, qui réside dans le corps, qui est au-delà de la vie la plus haute. À ce propos, les deux stances suivantes disent :

V, 6. Chacune des trois mesures mène à la mort (séparément) ; les ayant reliées et utilisées justement, dans les pratiques intérieures, extérieures ou intermédiaires, celui qui sait ainsi ne tremble pas.

V, 7. Par les hymnes (du *Rgveda*), ce monde est atteint ; par les formules (du *Yajurveda*), l'espace intermédiaire est atteint ; par les chants (du *Samaveda*), ce que les poètes connaissent est atteint. Cela, le sage l'atteint, avec la syllabe *Aum* comme support, il atteint Cela qui est Paix, Sans âge, Immortel, Sans peur et Suprême.

Translittération de la *Prashna Upanishad*, V, 1-7

V, 1. atha hainam shaibyas
satyakâmah papraccha, sa yo ha vai tad,
bhagavan, manushyeshu prâyanântam
aumkâram abhidhyâyîta
katamam vâ va sa tena lokam jayatîti.

V, 2. tasmai sa hovâca, etad vai, satykâma,
param câparam ca brahma yad aumkârah,
tasmad vidvân etenaivâyatanenaikataram anveti.

V, 3. sa yady eka-mâtram abhidhyâyîta,
sa tenaiva samveditas
tûrnam eva jagatyâm abhisampadyate ;
tam rco manushyaloka upanayante,
sa tatra tapasâ brahmacaryena shraddhayâ
sampanno mahimânam anubhavati.

V, 4. atha yadi dvimâtrena manasi sampadyate,
so'ntariksham yajurbhir unnîyate somalokam,
sa somaloke vibhûtim anubhûya punar âvartate.

V, 5. yah punar etam trimâtrena aum
ity etenaivâksharena param purusham
abhidhyâyîta, sa tejasi sûrye sampannah ;
yathâ pâdodaras tvacâ vinirmucyata
evam ha vai sa pâpmanâ vinirmuktah
sa sâmabhir unnîyate brahmalokant,
sa etasmâj jîvaghanât parâtparam
purishayam purusham îkshate :
tad etau shlokau bhavatah

V, 6. tisromâtrâ mrtyumatyah prayuktâ
anyonyasaktâ anaviprayuktâh.
krîyâsu bâhyâbhyantaramadhyamâsu
samyakprayuktasuna kampate jñah.

V, 7. rgbhir etam, yajurbhir antariksham,
sâmabhir yat tat kavayo vedayante
tam aumkârenaivâyatanenânveti vidvân
yat tat shântam, ajaram,
amrtam, abhayam, param ca.

Katha Upanishad

Upanishad majeure, appartenant à l'École *Taittirîya* du *Yajurveda*, elle reprend un épisode du *Rgveda* (X, 35), traitant du rapport à la mort et la foi (*shraddhâ*).

Extraits de la *Katha Upanishad*

> I, II, 15. *Sarve vedâ yat padam âmananti,*
> *tapâmsi sarvâni cay ad vadanti,*
> *Yad icchanto brahmacaryam cavanti,*
> *tat te padam samgrahena bravîmi :*
> *aum ity etat.*

I, II, 15. Cette parole que tous les *Veda* répètent, que toutes les austérités proclament, le but des *brahmachârya* [étudiants de la science du *Brahman*], cette parole, je vais te la révéler brièvement, ce mot, c'est *Aum*.

I, II, 16. *Etadd hy evâksharam brahma,*
etadd hy evâksharam param.
Etadd hy evâksharam jnâtvâ,
yo yad icchati tasya tat.

I, II, 16. Cette syllabe est, en vérité, le *Brahman*; en vérité, cette syllabe est le Suprême ! Celui qui connaît cette syllabe, en vérité, tout ce qu'il demande lui est accordé.

I, II, 17. *âlambanam shreshtham*
etad âlambanam param.
Etad âlambanam jnâtvâ
brahamaloke mahîyate.

I, II, 17. Voilà le meilleur support, voilà le support suprême ! Connaissant cette syllabe, en vérité, l'on devient heureux dans le monde du *Brahman*.

Taittirîya Upanishad

Cette *Upanishad* appartient à l'école Taittirîya du *Yajurveda*. Divisée en trois parties, la première est consacrée à l'art de la prononciation. C'est cette première partie qui traite de la syllabe *Om*.

Extrait de la *Taittiriya Upanishad*

I, 8. *Om* est *Brahman*. *Om* est le tout. *Om* est consentement *Om* est au commencement de l'appel à l'invocation de *l'adhavaryu* [prêtre officiant]. C'est avec *Om* que sont chantés les *sâman* (les chants du *Sâmaveda*), avec *Om shom* sont récitées les invocations, avec *Om*, *l'adhavaryu* répond aux invocations, avec *Om*, le brâhmane (prêtre) prononce l'éloge, avec *Om*, le sacrifice du feu (*agnihotram*) est agréé.

Avec *Om*, le brahmane commence à réciter «puissé-je réaliser le *Brahman*!», et, en vérité, il réalise le *Brahman*.

Translittération : *Taittiriya Upanishad*, I, VIII, I

om iti brahma, om itîdam sarvam,
om ity etad anukrtir
ha sma vâ apyo shrâvayetyâshrâvayanti,
om iti sâmâni gâyanti,
om shomiti shastrâni shamshanti
om ity adhvaryuh, pratigaram pratigrnâti,
om iti brahma prasauti,
om ity agnihotram anujânâti,
om iti brâhmanah pravakshyann âha,
brahmopâpnavânîti, brahmaivopâpnoti.

Shvetâshvatara Upanishad

Upanishad appartenant à l'école *Taittirîya* du *Yajur-veda*. Son nom est celui du sage qui l'enseigne : littéralement, « celui qui a un mulet blanc ». Rudra (autre nom de Shiva) est ici le nom attribué au suprême *Brahman*.

Extraits de la *Shvetâshvatara Upanishad*

I, 13. vahner yathâ yoni-gatasya
mûrtih na drshyate naiva ca
sa bhûya eve'ndhana-yoni-grhyah
tad vo'bhayam vai pranavena dehe

I, 13. On ne peut percevoir la forme du feu tant qu'il est latent dans sa source [le bois], où se trouve son essence subtile : le feu peut apparaître à partir de cette source. De même [que le feu dans ses formes manifeste et latente], le Soi (*Âtman*) a ces deux aspects : latent dans le corps ; il peut être réalisé par la pratique du *pranava* Om.

I. 14. sva-deham aranim krtvâ
pranavam co'ttarâranim
dhyâna-nirmathanâbhyâsat
devam pashyen nigûdhavat

I, 14. En faisant de son corps l'*arani*[1] inférieur et de la syllabe *Om* l'*arani* supérieur, en pratiquant ainsi la méditation [avec *Om*] comme lorsqu'on frotte le bois pour faire apparaître le feu, on fait apparaître la Divinité latente.

---

1. *ararti* : morceau de « bois de friction », destiné, par frottement, à faire le feu.

Maitrî Upanishad

Appelée aussi *Maitrayâni*, La *Maitrî Upanishad* appartient au *Yajurveda*. Maitrî est le nom du sage principal de ce texte. On dit que c'est « la plus récente des anciennes *Upanishad* », datant peut-être des premiers temps bouddhiques. Elle contient de nombreux extraits, reproduits mot pour mot parfois, des grandes *Upanishad* qui l'ont précédée.

Extraits de la *Maitrî Upanishad*

VI, 3. Il y a, assurément, deux conceptions du *Brahman*, le *Brahman* avec forme et le *Brahman* sans forme. Avec forme, il est irréel, alors que sans forme il est Réel, *Brahman*, Lumière. Cette lumière est le soleil, *Aum* est son Soi. Il se divise en trois mesures [*mâtrâ*, les trois lettres, *a, u, m*]. C'est par elles que ce monde est tissé, qu'il est tramé sur ce *Brahman*. C'est pour cela que l'injonction est faite de méditer sur le soleil en tant qu'*Om*, et de s'unir à lui.

VI, 4. Il est dit ailleurs[1] : « Le chant sacré (*udgîthâ*) est Om, et Om est le chant sacré » Et donc en vérité le chant sacré est ce soleil même, et ce soleil est Om. » Car il est dit[2], « le chant sacré, nommé *pranava*, le commencement (des rites de dévotion et d'offrande), dont la forme est rayonnement, sans sommeil, sans âge, sans mort, sur trois pieds, ayant trois lettres, connu aussi en tant que quintuple, caché dans la grotte du cœur. » Et il est dit aussi[3] : « Le *Brahman* à trois pieds a ses racines en haut ; ses branches sont [les éléments :] l'éther[4], le vent le feu, l'eau, la terre, et tout ce qui en découle. » Ce *Brahman* a pour nom « le Figuier unique », et sa splendeur est celle du soleil, ainsi que celle de la syllabe Om » C'est pourquoi il doit être adoré constamment avec la syllabe Om », Car il est dit :

« Cette syllabe est sacrée, en vérité ;

En vérité, cette syllabe est le Suprême !

Celui qui connaît cette syllabe, en vérité,

Tout ce qu'il demande lui est accordé[5]. »

---

1. *Chândogya Upanishad*, V , I.
2. *Rgveda*, X, 90, 3-4.
3. *Katha Upanishad*, VI, I.
4. *âkâsha* : l'un des cinq éléments, traduit parfois par l'« espace », en qui toutes choses sont incluses, mais aussi par l'« éther », omniprésent, tout pénétrant.
5. *Katha Upanishad*, I, II, 16.

VI, 5. Et ailleurs encore, il est dit : *Om* en est la forme sonore [du Soi] ; son genre est féminin, masculin ou neutre ; par le feu, le vent et le soleil il prend la forme de la lumière ; en Brahma, Rudra, Vishnu il prend la forme du Seigneur ; dans les feux sacrificiels *gârhapatya*, *dakshinâgni* et *âhavanîya* il prend la forme d'une bouche ; dans le *Rgveda*, le *Yajurveda* et le *Sâmaveda*, il prend la forme de la connaissance ; en *bhûr*, *bhuvas*, *svar*, il prend la forme du monde ; dans le passé, le présent et le futur il prend la forme du temps ; dans le souffle, le feu et le soleil il prend la forme de la chaleur ; dans la nourriture, l'eau et la lune, il prend la forme de la croissance ; dans l'Intellect, le mental et le sens du « moi », il prend la forme de l'intelligence ; dans *prâna*, *apâna* et *vyâna*, il prend la forme du souffle. C'est pour cela que ces formes sont glorifiées, adorées et désignées par la prononciation de la syllabe *Om*. Comme il est dit[1] : « En vérité, ô Satyakâma, la syllabe *Om* est le *Brahman* suprême, ainsi que le *Brahman* non-suprême. »

VI, 22. Et ailleurs, il est dit : Il est, en vérité, deux *Brahman* sur lesquels on médite : *Brahman* sonore et *Brahman* non-sonore. Par le *Brahman* sonore, le non-sonore est révélé. Ici, le son est la syllabe *Om*.

---

1. *Prashna Upanishad*, V, 2

S'élevant, par le son, on aboutit au [*Brahman* ultime, sans qualités] non-sonore. Alors il est dit: voilà la voie, voilà l'immortalité, voilà l'absorption [dans le Suprême], voilà l'accomplissement.

De même que l'araignée s'élève à l'aide d'un fil pour atteindre un espace libre, de même celui qui médite s'élève à l'aide de la syllabe *Om*, pour atteindre la liberté.

D'autres exposent différemment la nature du *Brahman* sonore: en se bouchant les oreilles avec les pouces, ils entendent le son de cet espace à l'intérieur du cœur (*antarhrdayâkâsha shabdam*). On le compare à sept sonorités différentes: les rivières, une cloche, un récipient en cuivre, une roue, le coassement d'une grenouille, la pluie et la parole dans un lieu clos. Passant au-delà de ce son si diversement caractérisé, ils disparaissent, immergés dans le Suprême *Brahman* sans attribut sonore, non-manifesté. Ils sont alors dépourvus de caractéristiques, et ne peuvent être distingués, tout comme les divers sucs qui se transforment en un même miel. C'est pourquoi il est dit: Deux *Brahman* doivent être connus, le *Brahman*-son et le Suprême. Ceux qui connaissent le *Brahman*-son atteignent le Suprême *Brahman*.

VI, 23. Et il est dit, ailleurs : « Le (*Brahman-*)son est la syllabe *Om*. Son apogée est Paix, Silence, absence de peur, absence de douleur, béatitude, contentement, permanent, immuable, immortel, inébranlable, fixe, ayant pour nom Vishnu, menant au-dessus de tout : c'est pour cela que tous deux doivent être honorés ». Ainsi qu'il est dit :

« Lui qui est en même temps suprême et inférieur, ce Dieu connu sous le nom d'*Om*, dépourvu de son et vide d'être aussi. Méditons sur lui, au sommet, dans la tête. »

VI, 24. Et il est dit, ailleurs : « Le corps est l'arc ; *Om* est la flèche ; le mental est la pointe de la flèche ; l'obscurité est la cible[1]. Ayant transpercé l'obscurité, il parvient au lieu sans ténèbres ; celui qui a transpercé ce qui est enveloppé dans les ténèbres voit le *Brahman*, étincelant comme une roue de feu, de la couleur du soleil, puissant, au-delà des ténèbres, resplendissant dans le soleil, dans la lune, dans le feu comme dans l'éclair. Assurément, celui qui l'a vu atteint l'immortalité. » C'est pourquoi il est dit : « La méditation porte sur l'Être suprême au-dedans, et aussi sur les objets extérieurs. Ainsi la connaissance non qualifiée devient

---

[1]. Nouvelle parabole introduisant Tare, la flèche et *Om*, après celle de la *Mundaka Upanishad* (II, II, 4), très différente dans l'utilisation des symboles.

qualifiée. Mais lorsque le mental est dissout et que survient la joie dont le Soi est témoin, c'est *Brahman*, l'Immortel, le Pur! Voilà la voie! Voilà le Monde!

VII, 11. En vérité, l'essence de l'éther dans l'espace du cœur est la syllabe *Om*.

Mahânârayâna Upanishad

Dixième livre du *Taittirîya Âranyaka*, cette *Upanishad* ne fait pas partie des plus anciennes, mais présente un grand intérêt par le nombre et la qualité des *mantra* védiques qu'elle recense. La voie qu'elle préconise met l'accent sur le sacrifice du mental (*mânasam yajñam*). En voici un bref extrait, *mantra* des plus éloquents :

Extrait de la *Mahânârayâna Upanishad*

LXIII, 21-22. om ity âtmânam yuñjîta

etad vai mahopanishadam devânâm guhyam

LXIII, 21-22. Par *Om* l'union du Soi est réalisée. Voilà, en vérité, la grande *Upanishad*, le secret des dieux.

Atharvashira Upanishad

Upanishad de l'*Atharvaveda*, dont le nom signifie « la tête de l'*Atharvaveda* », c'est-à-dire le sommet de sa révélation métaphysique.

Extrait de l'*Atharvashira Upanishad*, IV

IV. (…) Pourquoi est-il [Rudra, le Seigneur primordial] nommé *Om* ? C'est parce que, lorsqu'on prononce *Om*, les souffles vitaux s'élèvent, c'est pourquoi son nom est *Om*.

Et pourquoi est-il nommé *Pranava* ? C'est parce que, lorsqu'il est prononcé, il fait que le *Brahman*, fait des *Veda Rg*, *Yajur*, *Sâman* et *Atharvângiras* s'incline vers les brahmanes, il l'incline, c'est pourquoi son nom est *Pranava*.

Mais pourquoi son nom est-il Le tout pénétrant ? C'est parce que, étant prononcé, il pénètre et emplit ce Soi de Paix, dans tous les sens, comme l'huile dans un morceau de pâte de sésame ; c'est pour cela que son nom est Le Tout pénétrant.

Mais pourquoi est-il nommé L'Infini ? C'est parce que, lorsqu'il est prononcé, on ne peut lui trouver d'extrémité, ni latérale ni verticale ; c'est pour cela que son nom est L'Infini.

Mais pourquoi est-il nommé Le Protecteur ? C'est parce que, étant prononcé, il préserve de la peur de la conception, de la naissance, de la maladie, du vieil âge, de la mort et de la transmigration de l'âme : protégeant ainsi, il est nommé Le Protecteur.

Mais pourquoi est-il nommé Le Pur ? C'est parce que, étant prononcé, il trouble et épuise, c'est pourquoi son nom est Le Pur.

Mais pourquoi est-il nommé Le Subtil ? C'est parce que, lorsqu'il est prononcé, il prend possession du corps d'une manière subtile, et maîtrise tous les membres c'est pourquoi son nom est Le Subtil.

Mais pourquoi est-il nommé L'Éclair ? C'est parce que, étant prononcé, il éclaire les ténèbres non-manifestées, c'est pour cela que son nom est L'Éclair.

Mais pourquoi est-il nommé Le Suprême *Brahman* ? C'est parce qu'il est le Suprême du suprême, le suprême But, le Puissant qui dispense la Puissance ; c'est pour cela que son nom est Le Suprême *Brahman*. (...)

Atharvashikhâ Upanishad

Comme son nom l'indique « la pointe de l'Atharva«), cette *Upanishad* est appartient à l'*Atharvaveda*. Son nom ressemble à celui de la précédente, l'*Atharvashira*, dont elle est peut-être le prolongement.

Om!

I. Pippalâda, Angiras et Sanatkumara demandèrent au saint Atharvan :

« Quelle est la méditation suprême ? »

« En quoi consiste cette méditation ? »

« Qui est le méditant ? »

« Quel est l'objet de méditation ? »

Atharvan leur répondit :

Om est la syllabe suprême, sa méditation est la méditation suprême. *Om*, cette syllabe est divisée en quatre degrés, quatre dieux, quatre *Veda*.

Cette syllabe, composée de quatre degrés est le *Brahman* suprême.

- Son premier degré, le degré terrestre, est le son *a*. C'est le *Rgveda*, Brahmâ est sa divinité.
- Son deuxième degré, le degré intermédiaire (l'atmosphère), est le son *u*. C'est le *Yajurveda*, à travers ses formules (*yaju*), Vishnu est sa divinité.
- Le troisième degré, le degré céleste, est le son *m*. C'est le *Sâmaveda*, dans ses chants (*sâman*), Rudra est sa divinité.
- Le quatrième degré se trouve à la fin du *pranava*, c'est l'*ardhamâtra* (le « demi-degré »), situé dans la région lunaire, le *turîya omkâra*. Dans les Écritures, c'est l'*atharveveda*, à travers les *atharvana mantra*. Le Samvartakâgni (le feu diluvien) est sa divinité.

L'*ardhamâtra* (demi-degré) contient le *Purusha*, qui remplit, dans sa forme *turîya*, tous les degrés, c'est-à-dire la totalité du monde phénoménal.

Om, Om, Om – ayant ainsi prononcé le *pranava* dans ses trois degrés (chacun plus subtil que le précédent), le quatrième, *turîya*, qui est l'*âtman* de paix (*shântâtman*), n'est réalisé que par l'effacement de tout ce qui est autre que lui.

Ayant ainsi pratiqué la récitation juste du *pranava*, l'attention concentrée sur le point culminant du *pranava*, concentré dans l'attitude « tout est *Om* », l'*âtman* se manifeste dans tout son éclat, débarrassé du voile qui le dissimulait.

Même s'il n'est prononcé qu'une seule fois dans sa juste intonation, le *pranava Om* transcende le récitant, s'élevant depuis le *mûlâdhâra* jusqu'au *brahmarandhra* (*cakra* racine et *cakra* couronne).

2. On l'appelle *pranava* car devant lui tous les *prâna* (souffles vitaux) s'inclinent, s'immergeant dans le *Paramâtman*.

Ce qui est exprimé par la syllabe « *Aum* », source de tous les dieux et des *Veda*, lieu du repos ultime, fermement établi dans ses quatre degrés, cela est le *pranava*.

Celui qui s'abandonne à Lui, même pour un moment, obtient une plus haute récompense que par cent sacrifices.

Parmi toutes les connaissances, toutes les pratiques de *yoga* et de méditation, celles qui sont en relation avec la syllabe *Om* sont Shiva ; en vérité, la syllabe *Om* est Shiva.

Amritabindu Upanishad

Les traducteurs divergent, pour rendre le sens du titre de cette *Upanishad*, Ainsi, Swâmî Madhavânanda dit : « L'*Upanishad* d'une goutte de nectar », Deussen traduit : « L'*Upanishad* du point (*bindû*) ou de la résonance de la syllabe *Om*, qui est le *Brahman* immortel, » *Amrta* signifie aussi bien « immortalité » que « nectar », et le *bindû* est autant une « goutte » que le nom du point placé au sommet de la représentation symbolique de la syllabe *Om*, Ce point désigne le son « m » dans la transcription de la syllabe.

Extrait de l'*Upanishad*

XX, La syllabe *Om* est le *Brahman* suprême,
Avec *Om* le sage respire ;
Constamment, à l'aide de ce son divin
Il efface les souillures de l'âme.

Pranava Upanishad

Upanishad peu connue et peu traduite, elle mérite attention, étant consacrée exclusivement au *pranava*, *Om*. La traduction ci-dessous est celle que Deussen fit sur la version latine d'Anquetil-Duperron. Comme Deussen le dit lui-même, certains passages ont été peu ou pas compris par Anquetil, ce qui explique certains blancs ou incertitudes affichées. Malgré certaines lacunes dans la traduction, le texte est d'une grande richesse, mêlant l'enseignement brut à des récits ou des dialogues avec le sage Atharvan. Enfin, le « questionnaire » clôt l'*Upanishad* avec de nombreuses indications pour la pratique de la récitation du *pranava Om*.

Traduction de l'*Upanishad*
Premier Brâhmanam

Le *Brahman* créa Brahmâ dans une fleur de lotus. Ce dernier se dit : « Quel est le mot grâce auquel tous les désirs sont satisfaits, et sont connus tous les mondes, les dieux, les *Veda*, les sacrifices, les récompenses aux sacrifices, tout ce qui se meut et ce qui ne se meut pas ? »

Il se livra alors à l'ascèse (*tapas*). Après s'être livré à l'ascèse, il vit cette syllabe, formée de deux lettres[1] et quatre quartiers, qui englobe toutes choses, dirige toutes choses, éternelle, le *Brahman* même. Il obtint alors satisfaction de tous ses désirs, et connut tous les mondes, les dieux, les *Veda*, les sacrifices, tout le mobile et l'immobile.

Par la première lettre [*au*] il perçut l'eau (*âpas*) et l'acquisition (*âpti*) ; par la seconde [*m*], le feu et la lumière.

Le premier quartier, le son « *a* », est la terre et le feu, les plantes, le *Rgveda*, *bhûr*, *le gâyatri*, les neuf *sâman*, l'Orient, le printemps, et, en relation avec le Soi, le langage, la langue et la parole.

Le second quartier, le son « *u* », est l'atmosphère et le vent, [le *Yajurveda*], *bhuvar*, le *trishtubh*, les quinze *sâman*, l'ouest, l'été, et, en relation avec le Soi, le souffle, le nez et l'odorat.

Le troisième quartier, le son « *m* », est le ciel et le

---

1. En sanskrit, « *au* » est une voyelle, même si elle est formée de deux lettres. De là l'affirmation « *aum* est formé de deux lettres ». Les contradictions apparentes, d'une *Upanishad* à l'autre, concernant le nombre des lettres, ou des mesures (*mâtrâ*) de la syllabe ne remettent en cause rien d'essentiel.

soleil, le *Sâmaveda*, *svar*, *jagatî*, les dix-sept *sâman*, le nord, la saison des pluies, et, en relation avec le Soi, la lumière, l'œil et la vue.

Le quatrième quartier, l'*anusvâra* [phonème de nasalisation du « m »], est l'eau et la lune, l'*Atharvaveda*, *janas*, l'*anushthub*[1] les vingt-sept *sâman*, le sud, l'automne, et, en relation avec le Soi, la faculté de connaissance et la connaissance, le connu.

La vibration (le résonnement, le retentissement du *pranava*) produit les *vedânga*[2], la création et la dissolution, les études sur les *Veda*, les *mahâvâkya* (« grandes paroles », formules sacrées), les *Upanishad*, les injonctions védiques, les sept *vyârthi* (énonciations sacrées), les sept notes, l'art, la danse, le chant et la musique ; et les chants de Citraratha et des autres musiciens célestes (*gandharva*) ; l'éclair, le *brhatî*, les trente-trois *sâman*, la direction du haut, les quatre mois de la saison restante, et, en relation avec le Soi, l'oreille, la voix et l'ouïe.

Ce *pranava*, la syllabe unique, préexistante à l'ascèse (*tapas*), est le *Brahman*, la semence du *Veda* ; tous les *mantra* jaillissent de ce *pranava*.

---

1. *Gâyatrî, trishthub, jagatî, anushthub* : noms de mètres védiques, variant dans le nombre et la fréquence des syllabes.

2. *Vedânga* : sciences « auxiliaires » du veda, concernant notamment le langage ou l'astronomie.

Et voici l'œuvre du *pranava* : ceux qui étudient les *Veda* sans ascèse, sans suivre un maître, ou en un temps non autorisé, voient leur pouvoir décliner et passer ; mais par le *pranava*, qui est l'essence de l'*Atharvaveda*, ils retrouvent leur pouvoir, qui demeure. Et tout comme un enfant à naître, s'il se présente dans la position inversée, tue la mère, alors que s'il arrive dans la position favorable, il la libère, de même dans le cas de l'étude, les *mantra* s'écoulent bien avec le *pranava*, et leur pouvoir demeure ; un sacrifice, avec *le pranava*, est exempt de faute.

C'est pourquoi il est dit : « Le *pranava* est la syllabe unique qu'ils prononcent au commencement de tout acte sacrificiel et à sa conclusion. »

La syllabe de l'hymne au plus haut des deux,
Support de tous les dieux sur leurs trônes,
Sans la connaître, quel usage l'hymne a-t-il ?
Nous qui la connaissons, sommes assemblés ici.

Rgveda, I,164,39

Cette syllabe est le *pranava*.

Celui qui éprouve un désir doit observer l'abstinence pendant trois nuits, dormir sur la paille, s'asseoir en silence face à l'Orient et chaque soir réciter mentalement le *pranava* mille fois ; il recevra alors l'objet désiré et obtiendra le fruit de ses actes sacrificiels.

Deuxième *Brâhmanam*

Lorsque Sudhâ, la cité d'Indra, fut prise d'assaut de tous côtés par les Asura, les dieux, effrayés, dirent : « Qui pourra vaincre les Asura ? » Ils s'adressèrent au *Pranava* (la syllabe *Om*), le premier-né du *Brahman* : « Tu es le plus fort parmi nous ; permets-nous de vaincre les Asura à travers toi ! »

« Quelle sera ma récompense ? » fut la réponse.

Ils dirent : « Que demandes-tu ? »

Le *Pranava* dit : « Que le *Veda* ne soit plus étudié sans que mon nom ne soit prononcé auparavant ; et que si mon nom n'est pas prononcé auparavant, l'étude du *Veda* ne porte aucun fruit ! »

« Qu'il en soit ainsi », accordèrent les dieux. Puis ils attaquèrent depuis le lieu du sacrifice, au nord, prononçant « *Om* ! », et vainquirent les Asura, grâce à l'aide du *Pranava*,

Ainsi, *Om* est prononcé au commencement de tous les actes sacrés ; celui qui ne le connaît pas ne peut accomplir l'acte ; mais celui qui le connaît tient le *Veda* en son pouvoir. C'est pourquoi lorsqu'on le prononce au commencement du *Rgveda*, il est le *Rgveda* lui-même ; du *Yajurveda*, le *Yajurveda* ; du *Sâmaveda*, le *Sâmaveda*, Et dans tout acte, si l'on prononce le *Pranava* au commencement, le *Pranava* est sa forme même, il est sa forme même.

Troisième *Brâhmanam*

Ils interrogèrent [Prajâpati], à propos de la syllabe *Om* :

1. Quelle est sa racine (*Prakriti*) ?

2. Quelle est sa prononciation ?

3. Comment entre-t-il dans le *sandhi* (le code phonétique) ?

4. Doit-on le classer comme masculin, féminin ou neutre ?

5. Est-il singulier, invariable ou pluriel ?

6-13. Peut-on dire que l'on se met en relation avec lui en ces termes :

6. « cela », 7. « de cela », 8, « avec cela », 9. « dans cela », 10. « par cela », 11. « hors de cela », 12. « à cela », 13. et par quels suffixes s'expriment ces relations avec lui ?

14. Doit-il être prononcé à voix basse, moyenne ou haute ?

15. Son sens change-t-il s'il est précédé d'un préfixe, et ses sonorités peuvent-elles être modifiées ?

16. Quelle est son interprétation ? Qu'est-ce qui

survient après et après quoi apparaît-il ?

17-21. Combien de mesures a-t-il ? Comment est-il composé ? Combien de signes a-t-il ? Combien de sonorités ? Par quoi est-il suivi ?

22. Avec quel organe est-il prononcé ?

23 a. Comment est-il prononcé ?

23 b. Comment sa prononciation est-elle enseignée ?

24. Quel est son mètre ?

25. Quelle est sa couleur ?

26. Quel est sa particularité ?

27. À quelles occasions doit-il être prononcé ?

28. Quelle est la narration qui l'explique ?

29. Dans quelle sonorité [d'« *Om* »] se trouve le *Rgveda*, dans laquelle le *Yajurveda*, dans laquelle le *Sâmaveda* ?

30. Pourquoi ceux qui récitent le *Veda* prononcent-ils au commencement le *Pranava* ?

31. Quelle est sa divinité ?

32. Quel est le moment approprié pour le prononcer ?

33. Quelle est l'explication de ses sonorités ?

34. Quel est sa demeure (*loka*) ?

35. Quel est le lieu d'où il est issu ?

36. À quoi est-il lié dans le corps ?

Prajâpati dit : « En répondant à ces trente-six questions, je vais expliquer le *Pranava*. »

1. Sa racine, pour certains est *âp*, pour d'autres *av* ; pour les premiers il contient, englobe (*âpnoti*), pour les seconds il supporte. Mais le fait d'englober est supérieur au fait de supporter ; et *ap* (l'eau) est ainsi nommée, car, comme le *Brahman*, elle englobe.

2. Sa prononciation se fait d'un seul trait, ou en le décomposant ; que les lettres soient prononcées ensemble ou séparément, le sens est le même.

3. Les sonorités avec lesquelles il entre dans le *sandhi* (code de la phonétique) y perdent leur prononciation, mais gardent leur sens.

4. Il n'y a pas de différence de genre (masculin-féminin) dans la prononciation, et il peut être désigné aussi bien [avec un adjectif] masculin, féminin ou neutre.

5. (La réponse est incluse en 23)

6-13. On peut le désigner par les termes : 6. « cela », 7. « de cela », 8. « avec cela », 9 » « dans cela », 10. « par cela », 11. « hors de cela », 12. « à cela ». 13. Dans tous ces cas, il demeure le même (sans suffixe).

14. (La réponse est incluse en 23)

15. (La réponse est incluse en 23)

16. La lettre «*a*» (dans *ap*, «eau») devient «*o*», et le «*p*» devient «*m*», et avec ces deux signes, le son «*Om*» est formé.

17-21. Ses mesures sont au nombre de trois, «*a*», «*u*», «*m*». Il se prononce avec trois intonations, la vibration est son quatrième élément. On dit ainsi qu'il consiste en trois mesures et demie.

22. Il est prononcé avec les lèvres.

23a. Pour «*o*», la gorge s'écarte, pour «*m*», les lèvres se ferment; (réponse à la question 19:) il possède deux signes, non un seul; (réponse à la question 15:) l'ajout d'un préfixe ne change pas sa signification; (réponse à la question 14:) il peut être prononcé aussi bien à voix basse, moyenne ou haute; (réponse à la question 5:) il peut être singulier, invariable ou pluriel.

23b. Les Anciens l'ont prononcé et transmis, de telle façon que les étudiants n'aient pas besoin de poser de telles questions: ils savent que la prononciation peut s'apprendre simplement en écoutant.

Parmi les étudiants à Kanyakubya se trouvait l'érudit Anheh, qui discutait avec des questions semblables. Il demanda aux *rshi* (les «Voyants», ceux qui connaissent la Réalité): «Quelle est la manière incorrecte de prononcer le *Pranava*, et quelle est la manière correcte de le prononcer ? » [ils répondirent :] « Il y a six critères pour sa prononciation : le lieu de son articulation, le mode, la justesse, la quantité, la durée et les actes dans lesquels il doit être prononcé. C'est pour cela qu'hommage est rendu au récitant. Mais celui qui ne connaît pas ces six critères, ne peut prononcer correctement le *Pranava*. »

24. Son mètre est 1ᵉʳ *gâyatrî* ; car les dieux le prononcent en un seul mot.

25. Sa couleur est le blanc.

26. Sa particularité est qu'il doit être récité au commencement.

27. La syllabe *Om* a deux formes : celle des quatre exclamations rituelles (*vyâhrti*), et celle du *Pranava* même :

- I. Il y a les *mantra*, les *vidhi* (actes prescrits) et le *Brahman*, qui font partie des *Veda* : le *Rgveda*, *Yajurveda*, *Sâmaveda* et *Atharvaveda*, dont la gloire est le *Pranava*. Ce qui est prononcé au commencement des quatre *Veda* est la gloire des quatre *Veda*. Ce sont ces quatre mots : *Om* au commencement de l'*Atharvaveda*, *bhûr* pour le *Rgveda*, *bhuvar* pour le *Yajurveda*, *svar* pour le *Sâmaveda*.

- II. Mais la gloire absolue est *Om*, qui est prononcé au commencement des quatre *Veda* ; faute de quoi leur pouvoir décroît, et ils ne portent plus aucun fruit.

28. Après le passage des ères[1] *satyam* et *tretâ*, au commencement de l'ère *dvâparam*, les *rshi* discutaient : « À présent ils opéreront le sacrifice sans connaissance suffisante du *Rgveda*, *Yajurveda* et *Sâmaveda*, et leurs actes rituels seront défectueux et sans résultat ; comment un tel défaut peut-il affecter les actes rituels ? » Ils furent saisis de crainte, car les Ancêtres n'avaient pas laissé d'instructions pour ce qui devait être fait dans le cas où les *Veda* ne porteraient plus de fruit. Et ils dirent : « Allons tous ensemble voir Atharvan, lui qui est digne de vénération, et demandons-lui de nous accorder la délivrance de la peur, et de nous instruire en cette matière. » Et ils pensèrent : « Comment daignera-t-il nous parler, si nous ne l'approchons pas avec vénération ? » Et ils se mirent en route et l'approchèrent avec révérence. Mais, les ayant admis pour

---

1. *Satyam, tmà, dvâparam* : les ères cycliques, auxquelles il faut ajouter la quatrième, le *kaliyuga*, l'« âge sombre », qui est le cycle que nous vivons actuellement. Il s'agit de périodes de très grande durée, qui caractérisent le temps cyclique selon les hindous. La particularité d'un cycle cosmique est qu'il se déroule dans un mode spiroïdal d'« éloignement du Principe suprême », de « chute », donc de déclin et de perte, et non, en sens inverse, dans un mode de rapprochement du Centre. Toute manifestation de Centre se traduit, dès le commencement, par la perte de l'Unité primordiale. Le retour à cette Unité n'est possible qu'en retrouvant la conscience du Soi en lieu et place de celle du moi...

élèves, Atharvan leur dit : « Mes élèves prononcent au commencement de toute étude des *Veda* ce grand mot qui est à la tête du *Veda qui* porte mon nom ; ainsi les *mantra* des *Veda* portent fruit. Si vous ne récitez pas le commencement de l'*Atharvaveda* dans vos rituels des *Veda*, alors ces actes seront défectueux et sans fruit, et nuiront à celui qui officie ainsi qu'à celui qui fait l'offrande. Par conséquent, enseignez à vos descendants ce qui est prescrit ; de cette manière les *Veda* porteront fruit ». Alors les *rshi* dirent : « Qu'il en soit ainsi, ô Vénérable ; nous voilà libres de la crainte et du souci, nous voilà emplis de joie. »

29. [La réponse manque » Elle peut être trouvée dans les *Upanishad Brahmavidyâ, Atharvashikhâ* I, ainsi que le premier *Brâhmanam* de la présente *Pranava Upanishad*].

30. Ainsi, les étudiants du *Veda* prononcent la grande syllabe *Om* avant de réciter les *mantra*, les rituels et les différentes sections des *Veda rg, yajur* et *sâma*.

31-34. Lorsqu'ils prononcent le *pranava* au commencement du *Rgveda*, sa divinité est le feu, sa lumière le *pranava*, son mètre le *gâyatrî*, son lieu la terre ; et ils commencent avec le premier verset du *Rgveda*, qui loue le feu.

Et quand ils prononcent le *pranava* au commencement du *Yajurveda*, sa divinité est le vent, sa lumière le *pranava*, son mètre le *trishtubh*, son lieu l'atmosphère ; et ils commencent avec le premier verset du *Yajurveda* qui loue la pluie ».

Et lorsqu'ils prononcent le *pranava* au commencement du *Sâmaveda*, sa divinité est le soleil, sa lumière le *pranava*, son mètre le *jagatî*, son lieu le ciel, et ils commencent avec le premier verset du *Sâmaveda* qui loue l'eau.

35. C'est l'eau d'où toutes choses, mobiles et immobiles, ont émergé ». Ainsi, tout est eau, on doit connaître cela, et tout est *Atharvaveda*. Ainsi l'eau et l'*Atharvaveda* sont une seule et même chose ; car le nom de l'eau est *ap*, et *ap* est comme « o », le son initial du *pranava*. Le *rshi* Vyâsa a dit : « ceux qui suivent les injonctions de l'*Atharvaveda* n'étudient aucun *Veda* le dernier jour du mois de *shràvana* (un des mois de la saison des pluies), car il ne porterait aucun fruit. C'est pourquoi celui qui prétend à la connaissance des *Veda* doit étudier l'*Atharvaveda* ; sans cela, il n'y aura aucun profit. Le *Sâmaveda* est le plus grand, car il porte fruit s'il est lu avec l'ardeur de l'ascèse (*tapas*) ; mais l'*Atharvaveda* porte le même fruit même sans *tapas*. C'est pourquoi celui qui étudie l'*Atharvaveda* connaît les trois autres *Veda* aussi, car ils sont conte-

nus dans l'*Atharvaveda*. Ainsi peut-on lire l'instruction des *Veda*.

36. Mais le résultat principal de l'*Atharvaveda* est que celui qui souffre de l'ignorance du Soi (*atman*) est guéri par le *pranava* qui est le commencement de l'*Atharvaveda*. Et le fruit de la méditation sur le *pranava* est que l'on réalise que l'on est le pur Soi. En méditant sur le *pranava* le soi individuel et le Soi suprême sont unis dans le cœur ; alors les Écritures peuvent être abandonnées et l'on demeure comme étant le Soi suprême : « Je suis *Om* ! c'est l'état d'Union (*samâdhi*) ; dans cet état toute dualité disparaît et l'on demeure dans l'état d'Union sans distinctions (*nirvikalpa samâdhi*), où il n'y a plus de « moi », ni de « ceci », uniquement le pur Soi (*âtman*) ».

Celui qui a bien compris ces questions devient omniscient, il connaît les réponses à toutes les questions.

Brahmavidyâ Upanishad

L'*Upanishad* « de la connaissance du *Brahman* » fait partie de l'*Atharvaveda*. Elle est classée parmi les « *Upanishad* du yoga », et ses quatorze versets sont consacrés à la syllabe *Om*.

Texte de l'Upanishad

I. Je proclame la science du *Brahman*,
L'omniscience, la science suprême ;
Elle a pour commencement et fin
Brahma, Vishnu et Maheshvara (Shiva).

II. Vishnu, œuvrant par son pouvoir miraculeux,
Incarne, parfois, un être humain
Empli de compassion ;
Son secret, le feu de la syllabe *Om*,
Se trouve dans la science du *Brahman*.

III. La syllabe *Om* est le *Brahman*,
C'est ce qu'enseignent, en vérité,
Les connaisseurs du *Brahman* ;
Le corps, la demeure, le temps et la dissolution
De cette syllabe, je les proclame.

I. Le corps (*sharîram*) de la syllabe *Om*

IV. Il y a trois dieux et trois mondes,
Trois *Veda* et trois feux,
Trois lettres et une demi-lettre
Dans le trisyllabique, le Béni.

V. Le *Rgveda*, le Feu sacré domestique,
La Terre et le dieu Brahma,
Voilà le corps du son « *a* »
Tel qu'il est exposé
Par les connaisseurs du *Brahman*.

VI. Le *Yajurveda*,
La région intermédiaire (l'atmosphère),
Le Feu du Sud (*dakshina*)
Et le saint dieu Vishnu :
Ainsi nous est proclamé le son « *u* ».

VII. Le *Sâmaveda* et le Ciel,
Le Feu de l'Orient (*âhavanîya*),
Et Îshvara, le Dieu suprême :
Ainsi nous est proclamé le son « *m* ».

II. La demeure (*stbânam*) de la syllabe *Om*
VIII. Au centre de la conque
Tel le soleil, le « *a* » rayonne ;
Là brille le son « *u* »
À la splendeur lunaire.

IX. Le son « *m* » aussi,
Comme le feu sans fumée, avec l'éclat de l'éclair.
Ainsi rayonnent les trois lettres
Comme le soleil, la lune et le feu.

X. Au-dessus une flamme pointe
Telle une torche embrasée ;
Sache que c'est la demi-lettre
Qui s'inscrit là, surplombant la syllabe.

III. Le temps (*kâla*) de la syllabe *Om*

XI. Telle une flamme pointée,
Subtil, comme la fibre du lotus,
Brille le vaisseau subtil [*nâdî*] *sushumnâ*
Que pénètre et traverse la syllabe *Om*.

XII. Traversant les soixante-douze-mille *nâdî*[1],
Il atteint le soleil et jaillit au sommet du crâne,
Et demeure comme celui qui bénit toutes choses,
Pénétrant l'univers tout entier.

IV. La dissolution (*laya*) de la syllabe *Om*

XIII. Et de même que le son d'un outil de métal
Ou d'un gong se dissout dans le silence,
De même, celui qui cherche l'Absolu,
Laisse le son *Om* se dissoudre dans le silence.

XIV. Car là où le son *Om* s'éteint doucement En cette Paix est le *Brahman*, le suprême ;

Oui, le Son lui-même est *Brahman* Et il conduit à l'immortalité.

---

1. *Nâdî* : Dans le corps subtil, vaisseaux énergétiques (*prâna*).

Om est Ganesha,
Ganesha est *Om*

Om est formé de la tête et la trompe du Dieu à tête d'éléphant, connu sous les noms de Ganesha, Ganapati, Vinâyaka (« le Conducteur, le Guide »). On l'appelle aussi *Pranava murti*, qui signifie « l'image du *pranava Om* ». C'est la divinité hindoue qui se confond avec la syllabe primordiale. Tout adorateur de Shiva commence toujours son salut dévotionnel en s'adressant à Ganesha, de même que tout rituel d'adoration commence toujours par « *Om* ».

Ganesha est la divinité la plus adorée en Inde. Chaque village hindou possède au moins une image de Ganapati. Il est à droite, à l'entrée de tout temple shivaïte. Dans les temples vishnouïtes, il est au seuil du saint des saints… C'est lui qui « écarte les obstacles », il est le dieu de la littérature et des écrivains.

Ses attributs symbolisent, chacun à sa manière, la fonction de Ganesha, qui est d'écarter tous les obstacles sur le chemin devant mener ses dévots à la plénitude et au succès :

- Sa trompe imposante est le symbole de sa grâce, elle élève le dévot au-dessus des voiles de l'ignorance, vers la pure lumière.
- La corde qu'il tient dans une main est le lien invisible de l'Unité, reliant la multiplicité des êtres et des choses.
- La hache, dans une autre main, est l'outil du détachement.
- Le gâteau (*modaka*), dans une troisième main, symbolise la douceur du *Brahman* parfait, au-delà du monde des noms et formes.
- La défense cassée, qu'il tient dans sa quatrième main, signifie que même l'objet le plus précieux peut être sacrifié en vue d'atteindre l'objectif suprême. Il est dit aussi que Ganapati s'en est servi pour écrire le *Mahâbharata* que lui dicta le sage Vyâsa. Par là, il représente l'arme qui protège l'homme des ténèbres de l'ignorance.
- Le serpent en guise de ceinture représente l'énergie (*shakti*) dormant en tout être vivant : la *kundalinî-shakti*, prête à s'éveiller par la grâce de Ganapati. L'éveil de cette énergie correspond à l'éveil à la Réalité divine.

Ganapati est le Seigneur des multitudes (*gana*) escortant Shiva l'auspicieux, Seigneur de la Réalité, dont il est le fils. Il est aussi le maître de la perfection : perfection de l'Intelligence (*buddhi*) et de son accomplissement (*siddhi*). Son *pranava* (son primordial) est le symbole du lien entre l'humain et le Divin, le rappel incessant de cet accomplissement de l'Intelligence (*buddhi-siddhi*) qui est « en sommeil » chez l'homme, et rayonnante chez le *Siddha* ayant réalisé la Connaissance.

Âdi Shankarâcharya, le grand sage de l'*advaïta vedânta* du VIIIe siècle, exprimait ainsi sa dévotion à Ganesha-*Om* :

« Tu es célébré en tant que l'incomparable,
Sans second, au-delà des qualités (*guna*),
Sans forme, transcendant,
Syllabe primordiale *Om*,
L'essence des *Veda*, insaisissable,
Je te soumets mon adoration. »[1]

Les *mantra* à Ganesha

Aum, à lui seul, est le premier *mantra* adressé à Ganesha. Mais il existe deux autres grands *mantra* pour le Destructeur des obstacles (Vinâyakâ) : tous

---

1. *Ganesa bhujangam*, VII.

deux sont des manifestations d'adoration à Ganesha, en tant que symbole du Divin Absolu. Le deuxième présente la particularité de joindre, à cette expression d'adoration, la syllabe-germe, (*bîja mantra*) de Ganesha : *Cam* :

Om shrî ganeshâya namah
« *Om* ! Adoration au Seigneur Ganesha »

C'est le *mantra* d'invocation et d'adoration. On le répète au commencement des *pûjâ*, et il peut être récité en *japa*, pour invoquer les bénédictions de Ganesha.

Om gam ganapataye namah
« *Om* ! *Gam* ! Adoration à Ganapati »

Ce *mantra* est utilisé en *yoga* : l'aspirant invoque ainsi Ganesha pour s'immerger dans Sa connaissance et Sa paix suprêmes.

La *Shrî Ganesha Upanishad*

Connue aussi sous le nom de *Ganapati Upanishad* (sens identique), elle fait partie de l'Atharvaveda.

Shrî Ganapati Upanishad

INVOCATION

Aum !
Puissions-nous entendre avec nos oreilles
Ce qui est auspicieux.
Puissions-nous percevoir avec nos sens
Cela qui est auspicieux.
Le corps et les membres affermis et forts,
Puissions-nous chercher la grâce divine,
Puissions-nous accepter la grâce divine,
Tout au long de notre vie.

Adoration à Ganapati

Aum ! À toi qui as la forme de turîya,
indiquée par Vomkâra,
À Ganapati, adoration.

Puisse-t-il y avoir identité complète entre nous deux !

Toi seul demeures dans chaque organe du corps, guidant et contrôlant leur fonctionnement respectif ainsi que l'arrêt de leur fonctionnement. Principe vital et Conscience suprême, Tu demeures au *mulâdhâra*, ton siège, emplissant la *mula-prakriti*, en tant que le *jîva* immanent dans la triade des corps.

Toi seul es Tunique Créateur,

Conservateur et Destructeur de toutes choses, étant aussi bien Brahma, Vishnu et Rudra,

Toi seul es le *Brahman*,

soit la totalité de ce monde des phénomènes,

Toi seul es l'*Âtman*, manifesté directement dans l'*Âtman* intérieur à tous les êtres,

Tu es le *rta* (Tordre), ou la rectitude morale, qui est le point d'appui [le soutien, le garant] de la vie quotidienne,

Tu es satya, ou l'Existence réelle absolue.

Prière à Ganapati

O Ganapati, qui as atteint le *Para-Brahman* et l'*Apara-Brahman* (*Brahman* suprême et non-suprême, qualifié et non-qualifié),

Accorde Ta protection à celui qui cherche abri auprès de Toi,

Accorde ta protection à celui qui enseigne Ta sagesse à ses disciples,

Protège l'instructeur de la Sagesse,

Protège celui qui reçoit cette instruction,

Protège le maître et le disciple,

O Ganapati qui as atteint l'état de Virâj, Protège-moi en me délivrant de l'ignorance venant de l'Est, l'Ouest, le Sud et le Nord ; d'en haut et d'en bas, et des directions intermédiaires. Protège-moi de toutes les entraves, par Ta puissance et Ta gloire.

Louange à Ganapati

O Ganapati, Tu es le symbole *omkâra*, ainsi que sa signification : le *Brahman* suprême et non suprême.

Tu es la Conscience suprême qui se révèle par la connaissance, la parfaite connaissance de la vérité.

Ce monde des phénomènes se manifeste par Toi, en tant que le dieu Brahma à quatre têtes.

Ce monde est préservé [soutenu, conservé] par Toi, en tant que Vishnu, l'immanent.

Ce monde atteint la dissolution par Toi, en tant que Rudra,

Ce monde des phénomènes dans sa totalité atteint sa dissolution en Toi, le *Brahman* sans forme.

Toi seul es l'élément terre, ainsi que l'eau, le feu, l'air et l'éther.

Toi seul es les quatre mesures par lesquelles la parole articulée s'exprime, soit *parâ*, *pashyanti*, *madhyamâ* et *vabikarî*.

Tu transcendes les *guna* (*sattva*, *rajas* et *tamas* – équilibre, mouvement et inertie).

Tu transcendes les trois durées (passé, présent et avenir).

Tu transcendes les trois corps (grossier, subtil et causal).

Tu es éternellement établi dans le *mulâdhâra*, dans les aspects individuel, collectif et *turîya* du cosmos.

Tu es de la nature des trois *shakti* (puissances), à savoir *kriya*, *jüâna* et *iccha* (puissances d'action, de connaissance et de désir).

Les *yogî* à jamais Te contemplent.

Tu es Brahma, Vishnu et Rudra. Tu es Indra, Agni, Vâyu et les autres gardiens des points cardinaux.

Tu es le soleil et la lune.

Tu es le *Brahman* qui s'étend partout.

Tu es les mondes terrestre, céleste et éthéré, aussi bien que l'*omkâra*.

Bhûh bhuvah suvah aum

Sat – cit – ànanda.

Le *mantra*-racine (*mula-mantra*) de Ganapati

La consonne « G » vient d'abord ; elle est suivie par la première lettre de l'alphabet, « A ».

La dernière lettre est l'*anusvara*, « M ». Les transcendant toutes, il y a le *bindu*, brillant avec la demi-lune (*nâda*).

Voilà *gam*, qui est joint au *omkâra*.

Voilà la forme réelle du mantra de Ganapati : « OM GAM ».

Lorsqu'il est prononcé dans une intonation prolongée, on obtient le *nâda* (son nasalisé) *samdhâna*, qui rassemble, réunit les éléments épars.

Le *sambita* (l'intonation continue de toutes les syllabes simultanément) est le *samdhi* (dans sa forme compacte).

Voilà la grande science de Ganesha (*Ganesha-vidya*).

Ganaka est le *rshi* (le Voyant) de la grande science de Ganesha.

Le mètre employé est le *nricad-gâyatri*, GAM est le *bija* (la syllabe-germe). *Namah* est la puissance de *shakti*. « Ganapataye » est le *kîlaka* (peg). Srî mahâ Ganapati est la Divinité qui préside. Les six *anganyasas* doivent être faits avec *gâm*, *gîm*, *gûm*, *gaum*, et *gah*.

« *Aum gam ganapatayê namah* »

(*Aum*, hommage à Ganapati)

Voilà le mantra-racine (*mula-mantra*) qui doit être médité conjointement au Gâyatrî mantra.

La Ganapati gâyatrî

Ekadantâya vidmahe,

Vakratundâya dhîmahi

Tanno dantih pracodayât!

Nous concentrons toute notre perception sur le dieu à une seule défense,

Nous concentrons toute notre méditation sur le dieu à la trompe d'éléphant incurvée,

Puisse le dieu-éléphant nous conduire dans le bon chemin !

Méditation sur Ganapati

Méditons sur Lui, le dieu à une seule défense, qui a quatre bras, maniant le lasso et l'aiguillon avec deux d'entre eux, manifestant avec les autres le geste d'*abhaya* (qui écarte la peur) et celui de *varada* (qui exauce les vœux) ; ayant le rat musqué pour emblème sur son étendard, avec un ventre proéminent et des oreilles semblables à des vans d'osier, habillé de rouge, le corps recouvert de pâte de santal rouge.

Il doit être adoré dévotement avec des fleurs rouges,

Il a une tendre sympathie pour ses dévots,

Il est la source de l'univers, établi dans la réalité, Il est celui qui se manifeste (en tant que l'univers) à l'aube de la création, étant au-delà de *Prakriti* et *Purusha*.

Celui qui médite ainsi constamment sur Ganesha est un *yogî*, non ! le plus grand des *yogî* ! Hommage au seigneur des multitudes, le seigneur des divers groupes de dieux, le seigneur des hôtes de Shiva.

Hommage au dieu au ventre proéminent qui n'a qu'une défense, le destructeur des obstacles, le fils de Shiva, le dispensateur de toutes les bénédictions.

Celui qui récite cet *atharva-sira* (Ganapati *Upanishad*) est établi en *Brahman*.

Il ne sera jamais gêné par le moindre obstacle.

Il demeurera, en toutes circonstances, bienheureux.

Le secret de la science de Ganesha

Celui qui pratique cette science est libéré une fois pour toutes de tout mal, des cinq grands péchés ainsi que des moins grands.

Par la récitation de ce texte le soir, les péchés de la journée sont détruits ;

En le récitant le matin, les péchés commis la nuit sont effacés.

En le récitant matin et soir, on devient immaculé.

Il accomplit les quatre buts de la vie, *dharma*, *artha*, *kâma* et *moksha* (vertu, prospérité, satisfaction des désirs et délivrance spirituelle), celui qui le récite continuellement.

Cet Atharva-sirsha (*Upanishad*) ne doit pas être enseigné à celui qui n'est pas un vrai disciple. Si cette injonction n'est pas respectée, par manque de vigilance, on commet un grand péché.

Par la récitation de ce texte mille fois, on obtient la satisfaction de tout ce à quoi on aspire. Celui qui pratique l'aspersion rituelle de Ganesha en récitant ce texte, acquiert l'éloquence verbale.

Celui qui le récite de manière répétée, jeûnant le quatrième jour de la *Ganesha chaturthi* est illuminé.

Voilà le texte de l'*Atharvana*.

Il connaîtra même les actes de Brahma et des autres dieux,

Il ne sera jamais assailli par la peur :

Celui qui adore Ganapati avec de tendres pousses de l'herbe *durva* devient opulent comme Kubera (le Seigneur des richesses, ami de Shiva). Celui qui, dans son adoration, fait offrande de riz grillé, acquiert la gloire ; il devient un génie.

Celui qui adore Ganesha avec mille boules de riz

sucré (*modaka*), voit tous ses souhaits satisfaits. Celui qui adore en offrant des oblations au feu avec des branches d'arbres sacrés et du *ghee* (beurre clarifié) accomplit toutes choses ; il accomplit toutes choses.

Par la pratique de cette adoration pour huit brahmanes véritables (en tant que manifestations de Ganapati) avec tout son cœur et de toute son âme, on devient rayonnant comme le soleil.

Réciter ceci près d'une grande rivière sacrée ou devant l'image de Ganesha pendant une éclipse solaire, est le moyen d'atteindre la perfection complète par ce *mantra*.

Il vainc le plus grand des obstacles.

Il va au-delà du mal et de l'imperfection.

Il devient omniscient, il devient omniscient, Celui qui comprend ainsi.

Ô devas !

Puissions-nous entendre avec nos oreilles

Cela qui est auspicieux.

Ô adorables !

Puissions-nous percevoir avec nos sens

Cela qui est auspicieux.

Le corps et les membres affermis et forts,

Puissions-nous chercher la grâce divine,
Puissions-nous accepter la grâce divine,
Tout au long de notre vie.
Ainsi s'achève la *Ganapati Upanishad*.

Translittération du sanskrit en caractères romains de l'adoration, la prière et la louange à Ganapati, extraites de la Ganapati Upanishad.

Aum bhadram kanebhih shrnuyâma devah
Bhadram pashyemâkshabhir yajatrâh
Sthirairangaistushtuvâmsastanûbhir
Vyashema devahitam yadâyuh
Harih aum namaste ganapataye
Tvameva pratyaksham tattvamasi
Tvameva kevalam kartâsi
Tvameva kevalam hartâsi
Tvameva kevalam hartâsi
Tvameva sarvam khalvidam brahmâsi

Tvam sâkshâdâtmâsi nityam
Rtam vacmi satyam vacmi
Ava tvam mâm ava vaktâram
Ava shrotâram ava dâtâram
Ava dhâtâram avânûcânam ava shishyam
Ava pashcâttât ava purastât
Avacottarâttât ava dakshinâttât
Avacordhvâttât avâdharâttât
Sarvato mâm pâhi pâhi samantât
Tvam vânmayastvam cinmayah
Tvamânandamaystvam brahmamayah
Tvam saccidânandâ dvitiyo'si
Tvam pratyaksham brahmâsi
Tvam jñânamayo vijñânamayo'si
Sarvam jagadidam tvatto jâyate
Sarvam jagadidam tvattastishthati
Sarvam jagadidam tvayi layameshyati
Sarvam jagadidam tvayi pratyeshi
Tvam bhûmirâpo'nalo' nilo nabhah
Tvam catvâri vakpadâni tvam gunatrayâtîtah
Tvam kâlatrayâtîtah tvam dehatrayâtîtah
Tvam mûlâdhârasthito'si nityam
Tvam shaktitrayâtmakah

Om, la syllabe primordiale

*Tvam yoginodhyâyanti nityam
Tvam brahmah tvam vishnuh tvam rudrah
Tvam indrah tvam agnih tvam vâyuh
Tvam suryah tvam candramah
Tvam brahtna Bhur bhuvah svah aum.*

Bhagavad-gîtâ

Peut-être le plus célèbre de tous les textes sacrés de l'Inde, ce « Chant du Seigneur » fait partie du Mahâbharata (Ve siècle avant Jésus-Christ?). Malgré son appartenance à l'épopée, elle est traditionnellement rattachée aux Upanishad : à chaque fin de chapitre, le dialogue entre Krishna et Arjuna est cité comme étant « La sainte Upanishad de la Bhagavad-gîtâ ». Krishna est ici le nom du Divin Seigneur, enseignant à Arjuna la voie de la dévotion, du détachement et de la méditation. Les versets qui suivent sont ceux où Krishna mentionne la syllabe primordiale, Aum, « le Brahman même »…

Extraits de la *Bhagavad-gîtâ*

VII, 8. raso'ham apsu kaunteya
prabhâ'smi shashisûryayoh
pranavah sarvavedeshu
shabdah khe paurusham nrshu

VII, 8. Je suis le liquide dans l'eau, ô Kaunteya[1],
Je suis la splendeur dans la lune et le soleil,
Je suis la syllabe *Om* dans les *Veda*,
Le son dans l'espace, l'humanité dans l'homme.

VIII 13. aum ity ekâksharam brahma
vyâharan mâm anusmaran
yah prayâti tyajan deham s
ayâti paramâm gatim.

VIII, 13. Prononçant la syllabe unique *Om*,
Qui est le Brahman même,
Celui qui se souvient ainsi de Moi en partant,
Abandonnant son corps, atteint le but suprême.

IX, 17. pitâ'ham asya jagato
mâtâ dhâtâ pitâmahah
vedyam pavitram aumkâra
rk sama yajur eva ca

IX, 17. Je suis le Père de ce monde,
Sa Mère, son Dispensateur, son Aïeul.
Je suis Cela qui doit être connu,
Le Purificateur, la syllabe *Aum*,

---

1. Kaunteya : « Fils de Kuntî »

Et aussi le *rk*, le *sâman* et le *yajus*.

X, 25. maharshînâm bhrgur aham
girâm asmy ekam aksharam
yajñânam japayajño'smi
shâvarânâm himâlayah

X, 25. Parmi les grands sages, je suis Bhrgu ;
Parmi les paroles, je suis la syllabe unique *Om* ;
Parmi les sacrifices, je suis le sacrifice du japa ;
Parmi les montagnes, l'Himâlaya.

Shivapurâna

Les *Purâna* sont des « traditions antiques », textes sacrés non védiques, accessibles à tous, sans distinctions. On y trouve aussi bien des récits cosmogoniques, mythiques, historiques, que les enseignements métaphysiques les plus subtils et les plus hauts. Le *Shiva-Purâna* est un des six *mahâ purâna* (*Purâna* majeurs). L'extrait qui suit est dû à l'excellente traduction de Tara Michaël, publiée sous le titre : « La légende immémoriale du Dieu Shiva – Le Shivapurâna ».[1]

Extrait du Shivapurâna : Vidyeshvara, X

X, 14. Très chers fils, votre égarement a été causé par le fait que vous aviez cessé de méditer sur moi » Si vous aviez gardé la connaissance de ma présence, vous n'auriez pas été gonflés par cette prétention déplacée d'être le Grand Seigneur lui-même.

15. Donc, à partir de maintenant, mettez-vous à réciter le mantra *Om* pour atteindre la connaissance de

---

[1]. Éditions Gallimard, 1991.

mon être. Cela vous débarrassera aussi de tout orgueil impropre.

16. C'est moi qui ai enseigné à l'origine ce grand mantra bénéfique. La syllabe *Om* est venue de ma bouche, et c'est vers moi qu'elle pointe.

17. C'est un mantra qui indique et je suis Celui qui est indiqué. Ce mantra est identique à moi. Répéter ce mantra, en vérité, c'est se souvenir constamment de moi.

18-19. La lettre À est venue originellement de mon visage tourné vers le nord ; la lettre U, de mon visage tourné vers l'ouest ; la lettre M, de mon visage tourné vers le sud ; le point (*bindu*) est venu de mon visage tourné vers Test ; la résonance (*nâda*) est venue de mon visage central. Ainsi les sonorités jaillissant de ma quintuple forme s'unifièrent et formèrent la syllabe *Om*.

20. Tous les êtres manifestés, qui sont limités par deux dimensions, le nom (*nâma*) et la forme (*rûpa*), sont pénétrés, traversés, emplis par ce mantra. Ce mantra les contient tous, et il suggère aussi la polarité de Shiva et de Shakti.

...

23. [...] Différents buts sont atteints par différents mantra, mais tout est atteint par le mantra *Om* à lui seul.

Pañcadashî

Classique de *l'advaïta vedânta*, ce traité du quatorzième siècle, est attribué à Shrî Vidyâranya swâmî. Son titre, qui signifie «quinze», vient du fait que l'ouvrage contient quinze chapitres, divisés en trois grands thèmes :

- *Sat* : la discrimination de l'Être par rapport au non-Être.
- *Cit* : l'exposition de la nature du Soi (*âtma*) comme étant pure conscience.
- *Ânanda* : l'exposition de la nature de pure béatitude du *Brahman*.

Les versets suivants expriment la vive recommandation qui est faite de méditer sur le *pranava* Om.

Extraits du *Pañcadashî*

IV, 62. buddha-tattvena
dhîdosha-shunyenaikânta-vâsinâ
dîrgham pranavam uccârya
manorâjyam vijîyate

IV, 62. Celui dont l'intelligence a saisi la nature du *Brahman* sans second, et qui est libre des impressions mentales, se doit de vivre dans la solitude, et pratiquer pendant une longue période le *japa aum*, contrôlant ainsi les errances du mental.

IX, 144. ya upâste tri-mâtrena
brahma-loke sa nîyate
sa etasmâj jîva-ghanât
param purusham îkshate

IX, 144. La *Prashna Upanishad* dit que celui qui médite sur les trois lettres « *aum* » est conduit au monde de Brahma[1]. Là, il est amené à connaître le *Brahman* sans attributs, qui est au-delà *d'Hiranyagarbha* (l'œuf d'or, d'où est issu le monde), et devient libre.

IX, 147. pranavopâstayah prâyo
nirgunâ eva veda-gâh
kvacit sagunata'py uktâ
pranavopâsanasya hi

IX, 147. Dans les Écritures, méditer sur la syllabe sacrée *Aum* signifie le plus souvent méditer sur l'Ab-

---

1. Le monde de Brahmâ (le dieu créateur) peut être assimilé à un « paradis ». Ne pas confondre avec le *Brahman*, l'Absolu inconditionné.

solu sans attributs, mais parfois cela signifie méditer sur le *Brahman* avec attributs.

IX, 148. parâpara-brahma-rûpa
omkâra upavarnitah
pippalâdena muninâ
satyakâmâya prchate

IX, 148. Le sage Pippalâda, interrogé par son disciple Satyakâma dit que la syllabe *aum* signifie aussi bien le *Brahman* avec attributs que le *Brahman* sans attributs.

Le Tirumantiram
de Tirumular

Ce texte tamoul fait partie du Shivaïsme du sud de l'Inde, dont on s'accorde pour dire qu'il est pré-védique. D'après la légende, Tirumular aurait vécu trois-mille ans, étant constamment en contemplation, dont il ne sortait qu'une fois par an, pour composer un verset de son œuvre. Le *Tirumantiram* est ainsi composé de trois-mille versets. Les historiens situent cependant son existence aux environs du Ve-VIe siècle de notre ère. C'est un texte exprimant une intense dévotion (*bhakti*) pour le Suprême Shiva. Son *mahâ-vâkya* («grande parole») essentiel est: *Anbe sivam*, «Shiva est amour».

Le *mantra* principal du Shivaïsme *saivam* est «*Om namah shivâya*», et c'est celui qui tient la plus grande place dans l'œuvre; cependant, de nombreux versets rappellent la valeur absolue du *mantra* à une syllabe: *Om*.

Extraits du Tirumantiram

La lumière d'*Om* s'élève
Depuis le lotus du nombril ;
C'est le *mantra* que peu connaissent ;
Lorsque ce *mantra* secret est connu,
Alors le fils, qui est le *jîvâ* [l'âme incarnée]
Se trouve en présence du Père, qui est Dieu.

Tirumantiram, § 869

Gloire, louange à *jnâna*[1] qui est notre refuge ;
Adoration aux pieds sacrés du Seigneur ;
Constant dans ma pensée ;
J'expose le *Shiva yoga* ;
Écoutez !
Je chante la syllabe unique, *Om*,
Chère à notre Seigneur.

Tirumantiram, § 884

---

1. *Jñana* : La Connaissance du Réel, la Vraie Connaissance.

Par la lettre *a*, les mondes apparaissent, et la *shakti*[1] ;
Par les trois lettres (*a, u, m*), apparaît la lumière ;
Par la lettre «*m*», la mâyâ[2] apparaît.

Tirumantiram, § 885

La Danse Tandava[3] est la syllabe *Aum* ;
Elle est la Grâce du Seigneur en acte ;
Celui qui danse la Tandava
Est l'Être unique incréé.

Tirumantiram, § 888

---

1. *Shakti* : L'énergie divine créatrice.
2. *Mâyâ* : La «magie» créée. La création entière est une «illusion», dépourvue de réalité propre.
3. Danse Tandava : c'est ainsi que Tirumular nomme la Danse de Shiva *Natarâja* («Seigneur de la Danse»), qui exprime la manifestation, la préservation et la dissolution du monde par Shiva, le Suprême.

Râmakrishna et Râmana Mahârshi

Ces deux noms sont unanimement reconnus, en Inde et au-delà. Leurs vies sont des exemples de ce que signifie l'abandon de *l'ego* pour le Soi. N'étant plus tout à fait «de ce monde», ils n'ont cessé d'être entourés, assaillis par des milliers et des milliers d'âmes en quête de la libération spirituelle. Chacun à sa manière, ils ont joué leur rôle de «phare spirituel», répondant aux questions, montrant les voies de la Vérité. Le système hindou est *à priori* très complexe et hermétique pour un non-hindou: formellement, personne ne peut *devenir* hindou (on ne peut être hindou que par la naissance). Malgré cela, ces êtres réalisés n'ont eu de cesse d'encourager les adeptes de tous horizons, de toutes religions, à se mettre sur la voie. Sans aucun prosélytisme, puisqu'ils recommandaient à chacun de garder sa religion, la vérité étant partout la même…

Pour Shrî Râmakrishna, le fameux saint du XIXᵉ siècle :

« le *pranava* (Om) ne doit pas être considéré comme un simple mot, mais comme un symbole phonétique de la Divinité même. »[1]

Pour Shrî Râmana Mahârshi, le grand védantin du XXᵉ siècle (1879-1950), *Om* est bien le *mantra* primordial. L'exemple suivant en est une belle démonstration :

Un avocat indien, dévot de Shrî Râmana Mahârshi, lui signifia :

« Un grand *mahatma* (sage) m'a conseillé de réciter *Om namah*, au lieu de *Om*, car, dit-il, le pur *Om* est réservé aux *sannyasi* alors que *Om Namah*[2] peut être récité par tout le monde. »

Le Mahârshi remit les choses à leur place en posant cette question :

« Ceux qui ne sont pas des *sannyâsi*[3] ne pourraient

---

1. « L'enseignement de Râmakrishna », § 63 3, Albin Michel.

2. *Namah* : « hommage ». C'est une expression de déférence et d'adoration. Généralement, un Nom de la Divinité suit cette expression, comme dans le mantra shivaïte : « *Om* namah shivâya ».

3. *Sannyâsi* : Nom donné au renonçant, celui qui a reçu l'initiation par laquelle il quitte le monde, pour ne se consacrer, dans l'errance, qu'à la recherche de l'Absolu. Le *sannyâsa* est le quatrième et dernier stade de la vie, après celui de *brahmacârya* (étude et chasteté), *grhastha* (maître de maison, père de famille) et *vânaprastha* (retraite préparatoire au sannyâsa).

donc pas, eux aussi, chercher le Soi et le réaliser ? »[1]

Avec cet exemple, le sage d'Arunâchala atteste, d'une part, de l'efficacité de la récitation de la syllabe sacrée pour la réalisation du Soi : le « pur *Om* » est bien un moyen de « chercher le Soi et le réaliser » ; et d'autre part, il rappelle le fait que dans l'hindouisme, la voie de la réalisation spirituelle est ouverte à tous, sans distinctions de caste ou de stade d'existence, etc. En effet, si d'un point de vue orthodoxe, la récitation de certains *mantra* nécessite une initiation par un *guru* autorisé, l'hindouisme reste avant tout une terre d'accueil pour tous les « amoureux de Dieu ». La récitation du Nom, y compris le « pur *Om* », vaut donc pour tous ceux qui cherchent le Soi, et non seulement pour les *sannyâsi* qui, eux, vouent entièrement leur existence à cette quête. Des sages comme le Mahârshi encouragent tout un chacun à chercher la vérité. Ce dernier préconisait comme pratique spirituelle essentiellement *le yoga* de la connaissance de soi. « Demandez-vous *qui suis-je ?* », conseillait-il à ceux qui rapprochaient. « Trouvez la source. Tout le reste suivra. » Le but est de prendre conscience, progressivement, de tout ce que Ton n'est pas, en vue d'aboutir, tôt ou tard, à la prise de conscience de notre Être réel, le Soi,

---

1. « Talks with sri Ramana Maharshi », § 606, éd. Sri Ramanasramam, Tiruvannamalai, Inde.

au-delà de toutes les tendances égotiques. Mais Râmana Mahârshi ne manquait jamais de souligner l'efficacité d'autres pratiques spirituelles, pour ceux à qui ce « qui suis-je » paraissait trop ardu. Ainsi, comme le montre l'exemple ci-dessus, le *japa yoga* et la récitation du « pur *Om* » sont prescrits en priorité.

Extrait de *self-enquiry*, §28

On demanda à Bhagavan (R. Maharshi) :

« Pourquoi enseigne-t-on que pour le *pratyâhâra* (discipline spirituelle du retrait des sens) l'on doit méditer sur le *pranava* ? » Il répondit :

« Le *pranava* est la syllabe *Om* (*omkâra*), faite de trois temps (*mâtrâ*) et demi, soit : « *a* », « *u* », « *m* » et l'*ardha-mâtrâ* (le prolongement d'un demi-temps du « *m* »). « A » représente l'état de veille, le commun, le corps grossier ; « *u* » représente l'état de sommeil avec rêves, le lumineux, le corps subtil ; « *m* » représente l'état de sommeil profond, la Sagesse et le corps causal ; l'*ardha-mâtrâ* représente le « Quatrième » (*turîya*), le Soi, la nature réelle du « Je » ; et ce qui est « au-delà de *turîya* » est l'état de *turîyâtîta*, ou pure Béatitude.

Le quatrième état (...) est par nature « hors des temps » (*amâtrâ*), incluant les trois *mâtrâ*, *a*, *u* et *m*, mais en tant que syllabe silencieuse, (*maunâkshara*) ; ce Quatrième est aussi *ajapa* (« murmure sans murmure »). C'est aussi le *mantra* sans dualité (*advaïta-mantra*), qui est l'essence de tous les *mantra*, comme le *mantra* à cinq syllabes, (*pancâkshara*) . Pour atteindre à cet état, il faut méditer sur le *pranava*. C'est une méditation ayant la nature de la dévotion, par la réflexion sur la nature du Soi. L'aboutissement de ce processus est le *samâdhi*, produisant la libération, l'état de Béatitude parfaite. »[1]

La question suivante fut posée à Râmana Maharshi, un matin de 1946 :

« Quelle est la signification de la syllabe *Om* ? »

Réponse du Maharshi : « *Om* est tout. C'est un autre nom du *Brahman*. »[2]

Arunâchala Acaramanamalai

La « Guirlande nuptiale de lettres » fut composée en Tamoul par le Maharshi. C'est un chant de dévotion intense pour la montagne sacrée d'Arunâchala, située dans le Tamil Nadu, au sud de l'Inde. Cette montagne est symboliquement l'incarnation de Shiva.

---

1. In « Collected works of Ramana Maharshi », recueil d'Arthur Osborne, éditions Ramanasramam.
2. « Day by day with Bhagavan », par A. Devaraja Mudaliar, éditions Ramanasramam.

C'est un haut lieu du Shivaïsme depuis des temps très anciens, les *Parana* shivaïtes y faisant référence. À son pied se trouve le temple de Tiruvannamalai, l'un des plus monumentaux, tant par ses dimensions (dix hectares, une de ses tours (*gopuram*) atteignant 60 mètres de hauteur) que par la ferveur qu'il suscite dans toute l'Inde. C'est au pied de cette montagne d'Arunâchala que Venkataraman (devenu le Maharshi) arriva, à l'âge de dix-sept ans, pour ne plus en partir. Dans la stance reproduite ci-dessous, le mont Arunâchala est identifié à la syllabe *Om*...

Extrait *d'Arunâchala Acaratnanamalai*, § 13.

> *omkâra porul*
> *oppuyar villôy*
> *unai yâr ari vâr*
> *arunâchala*1

> Quintessence de la syllabe *Om* !
> Jamais égalée ni dépassée,
> Qui peut Te comprendre,
> Arunâchala ?

---

1. Translittération de l'original en Tamoul.

Âdi Shankarâcârya

Shankara, le grand Maître de *l'advaïta vedânta* est né au VIIIe siècle à Kâladi, dans le Kerala. Ayant renoncé au monde très tôt (à huit ans selon certaines biographies), il parcourut toute l'Inde. Son influence spirituelle impressionnante redonna une impulsion à l'hindouisme de son temps (souvent affaibli et remplacé par le bouddhisme), dont on peut encore témoigner de nos jours. Ses œuvres essentielles sont ses commentaires et développements approfondis des grandes *Upanishad*, de la *Bhagavad-gîtâ* et des *Brahma-sûtra*. Il est aussi fauteur d'un grand classique de l'*advaïta vedânta* : le Vivekacûdâmani («Le plus beau fleuron de la discrimination»).

L'extrait qui suit illustre la densité et l'intelligence du Maître : il s'agit seulement du commentaire d'un seul verset de la Brihadâranyaka *upanishad*... C'est l'*upanishad* reconnue généralement comme la plus ancienne, voire la plus importante. Elle appartient au Yajurveda, section du Shatapatha Brâhmana. Son nom signifie « Enseignement de la grande forêt » ou « Enseignement du grand ermite de la forêt ».

Commentaire de Shankara
à la *Brihadâranyaka Upanishad*, V,I

V,I. Aum kham brahma, kham purânam
V,I. Aum est Brahman, l'espace,
l'espace primordial

« Ici, la parole "Om" est donnée comme un support de méditation sur le Brahman, comme c'est le cas dans d'autres textes de la *shruti* (textes révélés) : Katha Up., 1,11,17 ; Mahânârayâna Up., XXIV, I ; Prashna Up., V,5 ; Mundaka Up., 11,11,6.

(...) La parole Om est donnée ici uniquement en tant que support de méditation. Bien que *Brahman* et *Âtman* soient les noms du *Brahman*, par l'autorité de la *shruti* nous savons que « Om » est son nom le plus approprié » Par conséquent, c'est le meilleur support pour la réalisation du *Brahman* » Et cela doublement : en tant que symbole, et en tant que Nom »

1) En tant que symbole : de même que l'image de Vishnu ou de tout autre dieu est regardée comme

étant identique à ce dieu (afin de rendre le rituel d'adoration possible), de même *Om* doit être perçu comme étant le *Brahman* » (Pourquoi ?) Parce que le *Brahman* est plein de reconnaissance envers celui qui l'approche par *Om* ; car la *shruti* dit : (*Om* :) Voilà le meilleur support, voilà le support suprême ! Connaissant cette syllabe, en vérité, l'on devient heureux dans le monde du Brahman » (Katha *Upanishad*, 1,11,17) (...). Ensuite, l'espace primordial, qui est le *Brahman* même, ne peut pas être perçu par les yeux ni par les autres sens : c'est pourquoi l'aspirant lui superpose la foi, la dévotion et une grande ferveur pour la syllabe *Om* » Tout comme d'autres superposent l'image de Vishnu sur des sculptures en pierre, etc. », représentant ses traits » (...).

2) En tant que Nom : cet *Om* est le *Veda*, car par lui on connaît tout ce qui doit être connu » Ainsi *Om* est le *Veda* ou le Nom (du *Brahman*). À travers ce Nom 1 aspirant connaît ou réalise ce qui doit être connu, c'est-à-dire le *Brahman* qui est signifié par le Nom. Ainsi les brahmanes savent qu'il (*Om*) est le *Veda* : ils veulent dire qu'en tant que Nom c'est un support pour la réalisation du *Brahman*.

OM
par Sir John Woodroffe[1]

Le *mantra Om* est composé de trois lettres, A, U, M, dont les deux voyelles fusionnent en O. Sur la partie supérieure du *Om* est inscrit le signe *candrabindu* ou *nâda* et *bindu*, figuré par un croissant de lune couché (*nâda*) avec un point au-dessus (*bindu*). *Nâda* et *bindu* sont deux parmi les nombreux aspects de Celle qui en Inde est appelée « Mère », ou « Grande Énergie » (*mahâshakti*), désignée au Proche-Orient en tant que *Magna Mater* et que les gnostiques nomment *Megale Danamis*. Elle est en même temps la Cause efficiente et matérielle de l'univers qui en est la forme ou le corps, *Nâda* est le *mantra* qui nomme le premier élan de l'Énergie, qui se concentre dans toute sa puis-

---

1. Article publié dans l'ouvrage « The Garland of Letters », éd. Ganesh and Company, Madras.

sance (*ghanî bhûta*) en *bindu* afin de manifester l'univers; *bindu*, en «créant», se différencie en une Trinité d'Énergies symbolisées par A, U, M. *Nâda* et *bindu* représentent ainsi le «Quatrième» (*turîya*) état, non manifesté, qui précède immédiatement la manifestation du monde, dans lequel la vie animée se déroule dans les trois états de sommeil sans rêves, sommeil avec rêves et veille.

L'homme a tendance à l'anthropomorphisme: en Occident, il appelle le Créateur «Père». En Orient, plus justement, l'Être Créateur Suprême est désigné par les *Shakta*[1] en tant que «Mère»: ce Pouvoir, ou Énergie, conçoit l'univers en son sein, qui est Conscience, puis il le fait naître et le nourrit. Le premier *mantra* auquel un enfant est initié est raà, ou «Mère», le premier mot qu'il prononce, et «Mère» est aussi souvent la dernière parole sur les lèvres du mourant. La vénération envers la Mère naturelle est vénération envers la Mère de toutes choses, et ceux qui au cours de leur vie et à l'heure de la mort boivent le lait de cette Mère, L'atteignent. De plus, dans le monde, c'est l'aspect «Mère» de Celle qui est *Brahman* qui est pleinement manifesté. Ce qu'Elle est en Elle-même (*svarûpa*) ne peut être connu par le mental ni les sens.

---

1. *Shakta*: adepte de *shakti*, l'Énergie, ou aspect féminin du Divin.

Le *tantra Yoginî brdaya* dit : « *Quel homme connaît-il le cœur d'une femme ? Seul Shiva connaît le Cœur de la Yoginî.* » C'est le Cœur cosmique de l'univers dont la systole [contraction] et la diastole [dilatation] constituent le déploiement et le reploiement de millions de mondes[1]. Ce processus est, selon le Brahmanisme, *pravrtti* [« mise en avant »] et *nivrtti* [« retour »], et le taoïsme (qui est peut-être une adaptation chinoise de la doctrine des *Upanishad*) le désigne par les termes *yang et yin.*

Relativement à la connaissance humaine, l'Énergie suprême est en Elle-même Être (*sai*), Conscience (*cit*) et Béatitude (*ânanda*). L'Énergie primordiale ou *âdyâ shakti* se situe inconcevablement au-delà de l'individualité manifestée, car celle-ci est une expérience limitée circonscrite par le mental et la matière. Bien que n'étant pas en Elle-même une *personne*, dans le sens courant de ce terme, Elle s'incarne sous la forme de toutes les individualités (*vyashti*) dans le monde.

Elle constitue aussi une Personne en tant qu'agrégat (*samashti*) de toutes ces individualités. Infinie, Elle contient en Elle-même la totalité des expériences,

---

1. La systole est une contraction du cœur, mais par cette contraction le sang est envoyé dans les artères, ce qui explique que M. Woodroffe voie en cette contraction une analogie avec le « déploiement » des mondes... (NDT)

humaines et autres. Bien que l'Énergie (*mahâ-shakti*) soit en Elle-même au-delà du mental et des sens (fait qui est symbolisé aux yeux de l'homme par le corps sombre de Mahâkâlî), ses manifestations sont visibles. C'est par cette manifestation du potentiel de Vie originel, qui est, pour ainsi dire, le « fil du Soi » (*sûtrâtma*) reliant tous les êtres, que prend effet la continuité du Vivant, principe sur lequel se fonde la philosophie non dualiste de l'Inde.

Rien n'a de commencement absolu ni de fin absolue. Tout se transforme. Naissance et mort sont en fait des modalités de cette continuité du Vivant. Chaque existence est en quelque sorte un nœud sur une corde infinie, nœud qui se constitue à la naissance et se défait à la mort. Une chose ne vient pas de rien, et une chose ne devient jamais rien. Un commencement ou une fin absolus sont inconcevables. Des univers particuliers viennent à l'existence, puis ils passent. La naissance, la vie et la mort sont des modalités de la transformation universelle qui gouverne toutes les formes de la vie organique « du brin d'herbe à Brahma Lui-même ».

L'infinitude divine est toujours telle, mais elle apparaît comme ayant une fonction limitée et discontinue en raison des limites des sens qui perçoivent son œuvre. L'Œuvre n'est jamais présente à la conscience dans son entier : seule l'est la partie sur laquelle se porte momentanément l'attention pratique, qui est par conséquent localisable, dans l'espace et le temps. Quoi qu'il en soit, il y a une Continuité vitale qui s'étend depuis le Potentiel Originel jusqu'à son actualisation dans la matière : celle-ci ne constitue qu'une portion infinitésimale de l'effet produit par la fonction de la Substance sur la totalité de l'efficience universelle. Car l'éther (*âkâsha*) est plus continu que la matière qui n'est que l'enveloppe extérieure de l'Énergie Centrale. L'Éther est continu et tout-pénétrant et on le dit plus d'un millier de fois plus dense que la matière grossière mesurable. La terre visible n'est ainsi à l'origine qu'un point microscopique qui s'est déployé par l'action de l'Énergie vitale (*Shakti*) de la Substance (*Shiva*) au sein de l'invisible, perpétuellement active, mais qui en sa nature propre (*svarûpa*) demeure inaffectée en tant que la Divine Substance pénétrant toutes choses. Ainsi rien n'existe réellement indépendamment d'autre chose : tout n'est que transformation de l'unique Énergie. Et comme cette Énergie est par nature vitale et créatrice, ses produits ou plutôt ses transformations d'Elle-même sont de même nature. Elle est l'Être mettant en forme toutes les potentialités de la vie, par conséquent aucune de ses manifestations n'est « morte », bien que dans le langage courant nous ne considérions comme « vivant » que ce qui manifeste une croissance évolutive. Ainsi donc, la quête pour connaître l'origine de la vie est futile, la vie étant éternelle et n'ayant pas de commencement.

Toutes choses font partie de la Mère unique qui est la Vie elle-même. Elle se déploie en d'innombrables formes mais les grandes lignes de Son œuvre tiennent en trois mouvements : production créatrice, désintégration destructrice, et maintien de ces deux forces opposées en équilibre. *Nâda-bindu* se différencie en la trinité de Volonté (*icchâ*), Connaissance (*jnâna*) et Action (*krîyâ*), soit « Soleil », « Lune », et « Feu », ainsi que dans cette Énergie qui se manifeste dans la matière de la triple manière ici décrite. Ces trois énergies sont A, U, M, ou les Divinités (*devatâ*) Brahma, Vishnu, Rudra. Ce ne sont pas des « dieux ». Il n'y a qu'un seul Dieu. Ce sont des *deva*, (littéralement « Ceux qui brillent »), étant des aspects de l'Unique Énergie Divine dont les pieds (selon les paroles de l'Écriture) sont adorés même par Brahma, Vishnu et Rudra » Ce sont des concepts scientifiques déifiés, à juste titre, car ce qu'ils représentent se réfère à des aspects de l'Énergie suprême qui est Dieu » Du point de vue scientifique ils représentent les trois fonctions de la Substance vitale » Il est incorrect de soutenir que Brahma créa le monde il y a des millions d'années, ne faisant plus rien depuis lors, ou que Lui, sous sa forme de Rudra, n'a pas encore eu l'occasion d'exercer Son pouvoir de dissolution » Brahma est constamment en train de créer et de recréer les éléments de la Substance manifestée que Rudra est constamment en train de détruire » Partout dans la Nature ces deux forces sont à l'œuvre, construisant et détruisant des formes, intégrant et désintégrant, anabolisme et catabolisme, tendance à changer ou à conserver les tissus, etc. » Les trois aspects, A, U, M, de l'Énergie Primordiale (*nâda-bindu*), sont continuellement à l'œuvre » Rudra, par la destruction chimique, désintègre les combinaisons de la Matière, œuvrant ainsi pour la dissolution finale de toutes choses, c'est-à-dire la désintégration des formes en leurs éléments originels (*mahâbhûta*), ou en la Substance dépourvue de formes (*prakrti*), la Cause matérielle de toutes choses ; Brahma recrée tout cela à nouveau, par son activité moléculaire toujours renouvelée, venant au secours de la vie organisée qui subit les processus à l'œuvre pour consumer ses formes ; et Vishnu est l'Énergie qui stabilise la Matière au sein de ces forces opposées, soutenant ainsi toutes les existences. Les choses n'ont qu'une stabilité relative : à la fin, le pouvoir de Rudra fait son œuvre, quoi qu'il advienne. La Matière elle-même n'est qu'une forme relativement stable de l'Énergie d'où elle émane, en tant que Volonté suprême, et en laquelle, lors de son état ultime, elle retourne. C'est Vishnu qui la maintient en équilibre. Abandonnant les existences individuelles et regardant la totalité de l'Énergie manifestée, Vishnu, le Conservateur, dans l'espace et le temps, est une énonciation théologique de la Conservation générale de l'Énergie. La science objective vient progressivement confirmer ces lois et vérités « intuitives ». En ce sens, *Om* est le symbole (*pratîka*) ou la représentation du Potentiel vital originel de l'univers et de la trinité des énergies par lesquelles Il s'actualise et se matérialise dans les cinq formes de la « matière » (bien que l'éther ne soit pas de la matière mesurable), à savoir la matière éthérée, (*âkâsha*), aérienne (*vâyu*), ignée (*agni*), liquide (*ap*) et solide (*prthivî*). Par l'adoration et la méditation de ce symbole (*pratîka*), avec toutes ses implications, l'homme, selon l'*Advaïta Vedânta*, réalise qu'il est lui-même l'Unique *Shakti*, l'Énergie vitale, la Mère de toutes choses »

ॐ

Bibliographie

- Robert Ernest Hume : *The Thirteen Principal Upanishads*, Oxford University Press, Madras.
- S. Radhakrishnan : *The Principal Upanishads*, Harper Collins, New Delhi.
- Paul Deussen : *Sixty Upanishads of the Veda*, Motilal Banarsidass Publishers, Delhi.
- Swâmî Gambhirânanda : *Eight Upanishads*, Advaita Ashrama, Calcutta.
- Jean Varenne : *Sept Upanishads*, Le Seuil, Paris
- Jean Varenne : *Upanishads du yoga*, Gallimard, Paris.
- Jagadisha Chandra Chattopadhyaya : *Neuf Upanishads*, , Librairie de Tart indépendant, Paris.
- Alyette Degrâces-Fahd : *Upanishad du Renoncement*, Fayard, Paris.
- Swâmî Madhavânanda : *Minor Upanishads*, Advaita Ashrama, Calcutta.

- Émile Senart : *Chândogya Upanishad*, Les Belles Lettres, Paris.
- Swâmî Gambhirânanda : *Chândogya Upanishad*, Advaita Ashrama, Calcutta.
- Swâmî Swâhânanda : *Chândogya Upanishad*, Sri Ramakrishna Math, Madras.
- Fernand Hayot : *Chândogya Upanishad*, J. Maisonneuve, Paris.
- Swâmî Madhavânanda : *The Brihadâranyaka Upanishad*, Advaita Ashrama, Calcutta.
- Marcel Sauton : *La Mândûkyôpanishad*, Adyar, Paris.
- Emile Lesimple : *Mândûkya Upanishad*, A. Maisonneuve, Paris.
- Jacqueline Maury : *Mundaka Upanishad*, A. Maisonneuve, Paris.
- Aliette Silburn : *Shvetâshvatara Upanishad*, A. Maisonneuve, Paris.
- J. Bousquet : *Prashna Upanishad*, A. Maisonneuve, Paris.
- René Aliar : *La Prashna Upanishad*, Le Courrier du Livre, Paris.
- Emile Lesimple : *Taittirîya Upanishad*, A. Maisonneuve, Paris.

- Mlle Esnoul: *Maitry Upanishad*, A. Maisonneuve, Paris.
- Jean Varenne: *La Mahânarâyana Upanishad*, De Boccard, Paris.
- B. Tubini: *Atharvashira Upanishad*, A. Maisonneuve, Paris.
- Louis Renou: *Katha Upanishad*, A. Maisonneuve, Paris.
- Jean Varenne: *Ganapati Upanishad*, J. Maisonneuve, Paris.
- Ganesha UP. Traduction d'après G. S. Duraiswamy & T.R. Srinivasa Ayangar, «Saiva *Upanishads*»
- Satguru Sivaya Subramuniyaswami: *Loving Ganesha*, Himalaya Academy, India, USA.
- Ratna-Ma Navaratnam: *Aum Ganesa – The peace of God*, Vidya Bhavan, Jaffna, Sri Lanka.
- Swâmî Swâhânanda: *Pañcasashi*, Sri Ramakrishna Math, Madras.
- Tara Michaël: *La légende immémoriale du Dieu Shiva — Le Shiva-puràna*, Gallimard, Paris.
- Hari Prasad Shastri: *Panchadashi*, Shanti Sadan, Londres.
- B. Natarajan, D. Litt *Thirumandiram*, by Siddhar Thirumoolar, Babaji's Kriya Yoga order of Acharyas, USA inc.

- A. J. Alston : *Shankara, on the Absolute*, Shanti Sadan, Londres.
- A. J. Alston : *Shankara, on the Soul*, Shanti Sadan, Londres.
- Sir John Woodroffe : *The Garland of Letters*, Ganesh and Company, Madras.
- Arthur Avalon : *La doctrine du mantra*, Éditions Orientales, Paris.
- M. Monier-Williams : *À Sanskrit-English Dictionary*, Motilal Banarsidass Publishers, Delhi.
- N. Stchoupak, L. Nitti, L. Renou : *Dictionnaire Sanskrit-Français*, J. Maisonneuve, Paris.
- Mircea Eliade : *Histoire des croyances et idées religieuses*, Payot, Paris.
- A. Devaraja Mudaliar : *Day by day with Bhagavan*, Sri Ramanasramam, Tiruvannamalai, India.
- Arthur Osborne : *The collected works of Ratnana Maharshi*, Sri Ramanasramam, Tiruvannamalai, India.
- *Talks with Sri Ramana Maharshi*, Sri Ramanasramam, Tiruvannamalai, India

ॐ

Ouvrages parus aux éditions Discovery,
Série Nataraj

Bhagavad-Gîta
Le Chant du Bienheureux
Traduction d'Émile Burnouf

« *Ce livre est probablement le plus beau qui soit sorti de la main des hommes. Jamais on n'a énoncé avec plus de force l'Unité du principe absolu des choses, essence et point culminant de la pensée indienne. De là découle une morale qu'on n'a point surpassée, morale non seulement théorique, mais pratique par excellence, unissant les plus nobles affections de la nature humaine à la loi stoïque du désintéressement. Il faut lire ce petit livre et s'en nourrir. Nous en avons le plus grand besoin.* » (Émile Burnouf)

« *Bhagavad-Gîtâ* » signifie « Le Chant du Bienheureux », le Seigneur Krishna. Datant du Ve siècle av. J.-C., il fait partie de l'épopée du *Mahâbhârata*. C'est le livre de la religion de Vishnou, mais, bien plus, celui de tous les hindous, quel que soit leur culte. Même hors des frontières de l'Inde, l'enseignement de la dévotion, de la méditation et du détachement par Krishna à Arjuna émeut toutes les sensibilités spirituelles.

Je Suis Shiva !
(*Shivoham*)

Shankarâchârya

Hymnes à la Non-dualité

« Je suis Shiva ! » (*shivoham*) : ainsi s'exclame le sage qui a réalisé sa nature véritable : « Shiva » désigne ici l'Absolu, au-delà des distinctions religieuses, le « Soi », essence de tous les « moi ». Littéralement, en sanscrit « *shiva* » signifie « favorable, bénéfique, bienfaisant ». C'est le nom du Bien suprême... Pour l'Advaïta (non-dualisme) des indous, ce « Bien » est l'unique Réalité, l'Un-sans-second, à découvrir en soi. Les trois hymnes présentés ici sont l'œuvre de Shankara, le maitre de l'Advaïta Vedânta du VIIIe siècle, qui se plait à mêler la joie du « Délivré-vivant » à l'enseignement sans concession du Guru :

- *Prâtah Smaranam*, la « Méditation du matin » ;
- *Bhaja Govindam*, célèbre chant spirituel et recueil d'instructions pour les aspirants à la Délivrance ;
- *Nirvana Shatkam*, où le récitant affirme sa pure « shivaïté » (*shivoham*).

Kaivalya Upanishad
La solitude comblée
Traduction d'après Paul Deussen

Nous sommes en Inde il y a plus de deux millénaires. Ce livre témoigne du moment crucial, dans le dialogue de maitre à disciple, celui de la transfiguration, où la conscience du « moi » (*jîva*), devient Conscience du « Soi » (Shiva) :

« *Cette* Upanishad *décrit l'«Absoluité», c'est-à-dire l'état de l'homme qui, sur la voie du renoncement* (tyâga), *s'est libéré de tout attachement au monde et qui, en conséquence, se connait et se ressent uniquement en tant qu'essence divine, présente en toutes choses. La beauté de l'*Upanishad *éclate particulièrement à partir de la strophe 17, lorsque le disciple lui-même commence à parler, exprimant sa conscience de son identité avec Dieu...* » (Paul Deussen)

« Kaivalya *est la solitude comblée, l'exclusivité de l'Un, au moment où, sous l'influence de la grâce divine, l'homme saisit le Soi comme l'absolu qu'il est par nature.* » (Lilian Silburn)

OM
La Syllabe Primordiale
Textes recueillis et présentés par Roberto Caputo

« *Om est la syllabe suprême,*
Sa méditation est la méditation suprême »
(*Atharvashikâ Upanishad*, I)

Om : la révélation du secret de la vibration éternelle se trouve au cœur des plus anciennes *Upanishad*, de la *Bhagavad Gita* et de l'ensemble des Textes sacrés de l'Inde. Les Sages qui en ont fait l'expérience viennent confirmer l'Écriture : « *Om est la Vérité éternelle* » (Râmana Maharshi).

En découvrant la Syllabe à la source, il apparaît que mieux qu'un symbole, *Om* est la résonance même du Réel : la pratique de sa récitation amène à l'absorption en... « Cela » (l'Absolu, *Brahman*). L'efficience de cette pratique est reconnue unanimement, et le tantrisme rejoint naturellement le *Vedânta*.

**Comme une montagne de camphre
Une vie auprès de Râmana Maharshi**
Textes recueillis par David Godman
Avec photos des archives de l'ashram.

Srî Râmana Maharshi et Annamalai Swâmî : *« Comme une montagne de camphre »*, deux recueils d'enseignements (questions-réponses) inédits du sage d'Arunâchala et de son disciple devenu maitre à son tour.

Annamalai Swâmî :
« Une vie auprès de Râmana Maharshi »
La vie au jour le jour aux côtés de Râmana Maharshi le grand sage indou du XXe siècle (1879-1950). C'est son disciple Annamalai swâmî, responsable de la construction des bâtiments de ce qui allait devenir l'ashram du Maharshi, qui raconte ses souvenirs auprès du « Libéré vivant » d'Arunâchala.

Tout est Un
Anonyme

« *Si tu veux la délivrance* (moksha), *alors écris, lis et pratique les instructions contenues dans ce petit livre, "Tout est Un".* »

C'est Râmana Maharshi, le grand sage indou (1879-1950) qui s'adresse ainsi à son disciple, Annamalai Swâmî. La pratique de l'*advaïta vedânta* est présentée d'une manière aussi concise qu'originale dans ce texte du XIXe siècle. L'auteur, Tamoul resté anonyme, n'est pas un érudit, ni un lettré : il transmet avec simplicité et un fort accent d'authenticité le fruit de son expérience de la pure intériorisation : l'Unité se trouve dans l'intériorité absolue de la conscience (*pûrnâhanta*), à l'opposé de l'extériorité dispersante... Srî Râmana, tout en encourageant la lecture et la pratique des enseignements de ce livre, souligne la nécessité de ce *retournement* vers l'intérieur :

« *Garde toujours dans le cœur le sens de la non-dualité, mais ne l'exprime jamais dans l'action.* »

Dhammapada

Le *Dhammapada* (littéralement « Stances de la Doctrine ») est le plus célèbre et précieux des ouvrages transmettant la parole du Bouddha. Ces 423 versets contiennent l'essence de l'enseignement du Prince devenu Sage en Inde, au VIe siècle avant Jésus-Christ.

Le Bouddha enseigne le moyen de mettre fin à la souffrance par la réalisation de la vacuité du « moi » et du monde. Cette réalisation conduit naturellement au détachement, qui est la clé du *nirvana,* le bonheur inaltérable...

Doctrine humaniste de compassion et d'amour, le bouddhisme est surtout un chemin de délivrance spirituelle, d'Éveil à notre vraie nature : le Bouddha est en chacun...

Trésors du Bouddhisme
Frithjof Schuon

« La beauté du Bouddha aspire comme un aimant toutes les contradictions du monde et les transforme en un silence rayonnant ; l'image qui en dérive est comme une goutte de nectar d'immortalité tombée dans la froideur du monde des formes et cristallisée sous une forme humaine, une forme accessible aux hommes. » F.S.

« Essentialité, universalité et ampleur caractérisent les écrits de Frithjof Schuon. (...) Schuon possède le don d'atteindre le cœur même du sujet traité, d'aller, au-delà des formes, au Centre informel de celles-ci, qu'elles soient religieuses, artistiques ou liées à certains aspects ou traits des ordres humains ou cosmiques. » (Seyyed Hossein Nasr)

Regards sur les Mondes Anciens
Frithjof Schuon

Frithjof Schuon (1907-1998) est l'auteur d'une œuvre métaphysique considérable – aujourd'hui traduite en plusieurs langues – qui met en lumière l'unité essentielle des sagesses traditionnelles et en explicite l'immuable vérité. Il tourne ici ses « Regards » vers l'Éternité contenue dans des traditions aussi diverses que celles des Peaux-Rouges, de la Grèce de Platon, du Moyen Âge chrétien ou des indous...

« *S'avisera-t-on un jour que le plus grand philosophe français du XXe siècle n'était pas parmi ceux que l'on cite partout, mais très probablement celui qui, dans l'indifférence générale et la conjuration d'un silence bien organisé, édifia patiemment, hors de tout compromis, l'une des œuvres décisives de ce temps, la seule qui, à la suite de René Guénon, mais dans une autre tonalité, rende compte en notre langue de la* Philosophia perennis*?* »
(Jean Biès)

Autre ouvrages parus aux éditions Discovery,
Série Nataraj

SAGESSE UNIVERSELLE

* *La lumière de l'Inde* – (Alphonse de Lamartine) Textes du poète Lamartine, après sa découverte émerveillée de l'Inde à travers ses épopées indoues, le Râmayâna et le Mahâbharata.

* *Dieu en Soi* – Méditations au cœur de l'Inde et du Christianisme (Textes présentés par R. Caputo et C. Verdu) – Convergences spirituelles entre les livres révélés chrétiens et indous.

* *La philosophie mystique de Simone Weil* – (Gaston Kempfner). Biographie de l'œuvre de la mystique chrétienne (1909-1943).

* *L'imitation de Jésus-Christ* – Traduction par Pierre Corneille, en vers, d'un texte spirituel du Moyen Âge.

* *La mort... sereinement* (Sénèque) – Extraits des Lettres à Lucilius, les réflexions du philosophe stoïcien sur le sens de la mort et l'acceptation sereine du terme de la vie.

* *La consolation de la Philosophie* (Boèce) – Classique de la philosophie au Moyen Âge, ce joyau de la sagesse stoïcienne et platonicienne fut écrit par Boèce en prison, alors qu'il attendait sa mise à mort.

Les Éditions **Discovery** est un éditeur multimédia dont la mission est d'inspirer et de soutenir la transformation personnelle, la croissance spirituelle et l'éveil. Avec chaque titre, nous nous efforçons de préserver la sagesse essentielle de l'auteur, de l'enseignant spirituel, du penseur, guérisseur et de l'artiste visionnaire.